Fisch auf Platten serviert

Birgit Winterhalder-Spee

Fisch
auf Platten serviert

Deutscher Fachverlag

Die Deutsche Bibliothek - CIP-Einheitsaufnahme
Fisch auf Platten serviert / Birgit Winterhalder-Spee. [Fotos: Liz Rehm]. - 1. Aufl. - Frankfurt am Main : Dt. Fachverl., 1996
ISBN 3-87150-457-2
NE: Winterhalder-Spee, Birgit; Rehm, Liz

1. Auflage
ISBN 3-87150-457-2
© 1996 by Deutscher Fachverlag GmbH, Frankfurt a. M.
Alle Rechte vorbehalten.
Nachdruck, auch auszugsweise, nur mit Genehmigung des Verlages gestattet.
Umschlaggestaltung: Peter Baumeister, Frankfurt a. M.
Umschlagfoto: Liz Rehm, Frankfurt a. M.
Fotos: Liz Rehm, Frankfurt a. M.
Satz und Layout: Peter Baumeister, Frankfurt a. M.
Druck und Bindung: Schwenk & Co. GmbH, Frankfurt a. M.

Inhalt

Vorwort	6
Es ist serviert	8
Fisch-Canapés	12
Fischsalate	42
Fischplatten	62
Fischgerichte	104
Fisch zum Grillen	160
Terrinen	172
Rezepte	180
Lachs filetieren	182
Aal filetieren	184
Meerwolf ausnehmen und filetieren	186
Hummer tranchieren	188
Das Ambiente	190
Das kleine Lexikon	192
Die Portraits	199
Register	206

Vorwort

Fisch auf Platten serviert – das ist in der Gastronomie seit jeher die Krönung einer festlichen Tafel. Die Delikatessen aus Meeren, Seen und Flüssen stimulieren Augen und Gaumen gleichermaßen, und der Grad der Meisterschaft wird bei den großen Köchen dieser Welt an der Kunst gemessen, wie sie den Fisch zubereiten.

Fisch auf Platten serviert – das ist aber nicht nur in der Gastronomie, sondern mittlerweile auch im Partyservice zum Gradmesser des Könnens geworden. Nicht nur Lachs, Aal und Forelle in geräucherter Form, sondern auch Garnele, Meerwolf und Barbe in raffinierten Zubereitungen sind heute Bestandteil des festlichen Büffets. Daß auch hier höchste Meisterschaft verlangt wird, versteht sich.

Fisch weckt Appetit, Fisch ist köstlich und gesund. Und so rücken seine Zubereitungen aus dem Schatten der schlichten Vorspeise ins Rampenlicht des genußreichen Hauptmahls. Wer sich mit Leib und Seele der Kunst des Partyservice verschreibt, der entdeckt die unendliche Vielfalt des auf Platten servierten Fischs. Und er geht auf Entdeckungsreise in ein Reich, das die Phantasie der großen Könner mehr anregt als die meisten anderen Produkte. Der Kunde honoriert das mit Beifall.

Der Verlag der „allgemeinen fleischer zeitung" (afz) hat dies mit dem vorliegenden Buch unter Beweis stellen wollen. Redakteurin Birgit Winterhalder-Spee, versiert in allen Fragen des Partyservice und auch schon als Autorin des Buchs „Käse auf Platten serviert" bekannt, ist auf die Suche nach Meisterinnen und Meistern ihres Fachs gegangen. Sie hat dabei festgestellt, daß Fisch in seinen Variationen längst eine bedeutende Rolle auf zahlreichen Büffets gefunden hat, und sie hat sechs Experten gebeten, für dieses Buch ihre Kunstfertigkeit vorzuführen. Es sind dies Astrid Schmitt, Karlheinz Geibel, Sabine und Margit Maulick, Pia Hillen, „die Holtmann's" und Brigitte Purschke. Sie alle sind nicht nur bei ihren Kunden, sondern auch bei ihren Kollegen seit Jahren als besonders kreative Könner bekannt. Sie haben für dieses Buch 41 Fischkreationen gelegt und dabei die einzelnen Schritte genau erläutert. Birgit Winterhalder-Spee war gemeinsam mit der Fotografin Liz Rehm vor Ort, um den Werdegang der Platten in Bild und Text festzuhalten.

Allen sei an dieser Stelle gedankt, daß sie sich bereiterklärt haben, einige ihrer Geheimnisse preiszugeben. Sie haben damit dazu beigetragen, ihren Kollegen wertvolle Hinweise, Tips und Anregungen zu vermitteln. Das ist nicht selbstverständlich, und deswegen bekommt dieses Fachbuch seinen besonderen Wert.

Fisch auf Platten serviert – dieses Thema ist ein weites Feld für Kreativität im Partyservice. Wer dies beherrscht, setzt dem Büffet eine unverwechselbare Krone auf. Alle, die an diesem Buch mitgearbeitet haben, haben einen anschaulichen Beweis dafür geliefert.

Rainer Schulte Strathaus
Chefredakteur der afz

Es ist serviert

Mit den Vorschlägen aus diesem Plattenbuch ließe sich mühelos ein komplettes Meeresbüffet zusammenstellen, bei dessen Anblick jedem Fischfan das Wasser im Mund zusammenläuft. Aber das war gar nicht beabsichtigt. Vielmehr kam es darauf an, Ideen zusammenzutragen, die von Fachleuten erprobt sind. Nun wird selten eine ausschließlich maritim geprägte Speisenfolge verlangt werden, denn Feinschmecker lieben Vielfalt und Abwechslung. Deshalb sind die gebotenen Fischplatten und Gerichte im Baukastensystem gegliedert, so daß jeder Profi Teile davon in das eigene Büffetprogramm aufnehmen kann, ohne auf Bewährtes zu verzichten.

Keine Wettbewerbsplatten

Die Herstellung der Platten erfolgte unter Alltagsbedingungen, und deshalb wurde auf die strengen Maßstäbe an Akkuratesse, wie sie bei Wettbewerben üblich sind, ganz bewußt verzichtet. Zwar gibt es durchaus aufwendig gestaltete Werke, die für exklusive Büffets angemessen sind. Das setzt jedoch immer voraus, daß der Kunde bereit ist, den höheren Aufwand auch zu bezahlen.

Preise und Mengen

Die Preisgestaltung bleibt außen vor. Denn eine allgemeinverbindliche Kalkulation ist schon deshalb nicht möglich, weil verschiedene Einkaufsquellen genutzt werden, woraus sich wiederum unterschiedliche Einstandspreise für das verwendete Material ergeben. Auch das differenzierte Lohn- und Gehaltsgefüge schlägt stets bei der Berechnung zu Buche, und die handwerkliche Arbeit ist schließlich ein ganz entscheidender Faktor. Aber jede Arbeit verdient ihren Lohn, weshalb bei der Preisgestaltung als oberstes Gebot steht, daß der Aufwand angemessen vergütet werden muß. Zudem besteht ein Preisgefälle zwischen ländlichen

Regionen und Stadtgebieten, auch darauf ist die Kalkulation abzustellen.

Der mundgerechte Bissen

Bei der Rubrik „Canapés" wurde der Begriff großzügig ausgelegt. In dieser Gruppe sind all jene Appetithappen zu finden, die bei Stehempfängen gereicht und vom Gast aus der Hand bzw. vom Teller weg mit wenigen Bissen verzehrt werden. Am besten ist der Kunde mit den klassischen Canapés bedient, die allerdings ihren stolzen Preis haben. Schließlich macht die Herstellung dieser Minihappen eine vergleichsweise hohe Arbeitsleistung erforderlich, die bezahlt sein will. Günstiger sieht die Preisgestaltung aufgrund des etwas geringeren manuellen Aufwands bei den Schnittchen oder Häppchen aus, die nicht so aufwendig belegt sind. Weil Häppchen oder Canapés handlich sein müssen, damit der Belag nicht schon bei der kleinsten Bewegung verrutscht, sollten sie gekonnt, aber nicht allzu üppig belegt sein. Ein idealer „Klebstoff" sind Eier-, Frischkäse- oder Meerrettich-Cremes. Sie sorgen für eine ausreichende Befestigung. Mit dem Spritzbeutel aufgetragen, vervollkommnen die Cremes außerdem das dekorative Bild einer Platte.

Die geräucherten Klassiker

Wenn Fisch auf Platten serviert wird, steht die Räucherware als Rohstoff obenan. Klassiker wie Lachs, Aal, Forelle, Makrele und Schillerlocken mit einem Hauch von Rauch sind immer gefragt. Sie sind jedoch nicht nur wegen ihres Geschmacks bei den Gästen beliebt, sondern auch beim Partyservicelieferanten, weil sie sich problemlos verarbeiten lassen. Durch die Behandlung mit Rauch gewinnt der Fisch eine längere Haltbarkeit, die sich bei der Präsentation auf dem Büffet als vorteilhaft erweist. Mitunter bleiben die Platten mehrere Stunden beim Gastgeber stehen, was der Räucherfisch jedoch unbeschadet übersteht.

Der Frische-Test

Mit der Beliebtheit des natürlichen Nahrungsmittels Fisch steigt auch die Vielfalt der Darbietungsformen, wenn es heißt: „Fischlein deck' dich". Die Zubereitung von frischem Fisch gehört auch im Partyservice mittlerweile häufig zur Routine. Um einen optimalen Genuß zu gewährleisten, ist die Verarbeitung von absolut frischer Ware oberstes Gebot. Die Frische der Ware läßt sich an ein paar Merkmalen leicht erkennen: Frischer Fisch soll einen frischen und guten Geruch haben und die Schuppen blank und glänzend aussehen. Kennzeichen für einen frischen Fisch sind klare Augen. Diese dürfen nicht rot, eingesunken oder von Haut bedeckt sein. Die Kiemen sehen beim frischen Fisch schön rot aus und sind nicht schleimig. Wenn man mit einem Finger auf das Fischfleisch drückt, richtet es sich bei frischer Ware wieder auf. Bleibt die Delle, ist der Fisch alt, und er sollte nicht mehr verwendet werden.

Mager oder fett?

Zwar spielen die Kalorien keine Rolle, wenn ein Büffet in Auftrag gegeben wird, und das schließt Fischplatten mit ein.

Denn beim Feiern geht es ums Schlemmen, da wird kaum einer mit den Kalorien knausern, wenn die Köstlichkeiten aus Neptuns Reich aufgetischt werden. Trotzdem: Magere Fische sind Dorsch, Schellfisch und Seelachs. Plattfische wie Scholle, Steinbutt und Seezunge haben etwas mehr Fett im Fleisch. Zu den fetten Fischen zählen Hering, Makrele, Lachs, Aal und Heilbutt. Auch beim Fisch ist Fett ein Geschmacksträger, aber selbst die fetteren Fische sind im Vergleich zu anderen Lebensmitteln immer noch Energiesparer.

Fisch ist gesund

Die Flossenträger sind eine Leichtkost mit hoher Bekömmlichkeit. Deshalb ist es nicht verwunderlich, daß Fisch in allen empfohlenen Speiseplänen eine tragende Rolle spielt. Fisch ist reich an hochwertigem, leicht verdaulichem Eiweiß und enthält mehrfach ungesättigte Fettsäuren, die für einen ausgeglichenen Cholesterinhaushalt im Organismus sorgen. Der Gehalt an Vitaminen, Mineralstoffen – bei Seefischen allen voran Jod – schlägt sich positiv in der Ernährungsbilanz nieder. Trotz der hochrangigen ernährungsphysiologischen Stellung steht der Genußaspekt beim Verzehr stets im Vordergrund. Das gilt erst recht für das Angebot im Partyservice, das nicht aufgrund des Gesundheitswertes die Gunst des Gastes erhält, sondern durch die appetitliche Präsentation.

Die richtige Platte

Auf Schiefer kommen Fische und Krustentiere besonders gut zur Geltung, weil das dunkle Plattenmaterial einen hervorragenden Kontrast zur Auflage bildet. Natürlich wird Schiefer fast ausschließlich bei rustikalen Büffets eingesetzt. Wenn bei einem festlichen Büffet dieser Hell-Dunkel-Kontrast erzielt werden soll, können schwarze Glasteller – bei Portionsgerichten – oder schwarze Acrylplatten verwendet werden. Holzbretter sollte man bei rustikaler Herrichtung nicht verwenden, weil sie leicht den Fischgeruch annehmen. Großflächige Glasteller und Keramikplatten sind hingegen ebenso geeignete Unterlagen wie Cromargan- und Silberplatten. Überaus edel wirken Spiegelplatten oder wertvolles Porzellan auf silbernen Plattellern. Auf Glas- oder Porzellanplatten in Fischform lassen sich Fischhappen meist nicht sehr optimal anrichten, dafür sind sie als Behältnisse für Salate genauso ideal wie Schüsseln in verschiedenen Muschelformen.

Canapés
von Holtmann's

Materialauswahl

Räucherlachs
geräucherter Babyaal
Gambaretti
Graubrot
Butter
Salatgurke
Sahnemeerrettich

Zum Garnieren

Kirschtomaten
schwarze Oliven
rote Kresse
Dill
Petersilie
Schnittlauch

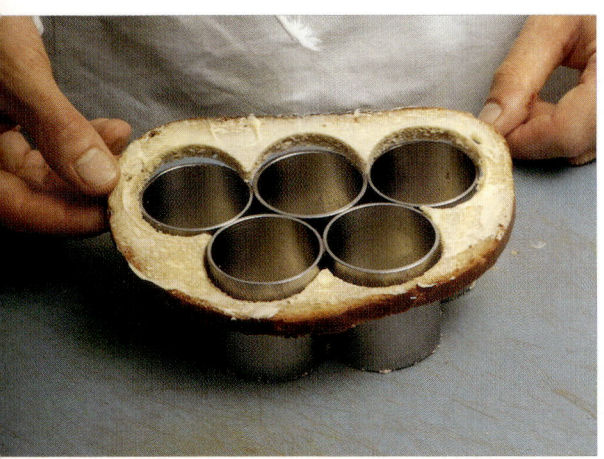

Die benötigten Graubrotscheiben werden komplett gebuttert. Mit einem Ausstecher stehen dann pro Scheibe gleich fünf kleine Rundstücke zur Verfügung, die nur noch belegt werden müssen.

Jede gebutterte Brotscheibe bekommt als Unterlage eine Scheibe Salatgurke. Für die Lachscanapés eine Scheibe Fisch in der Mitte nochmals teilen. Dann aus den Hälften eine Rosenblüte formen und auf den Unterbau legen.

Der Babyaal wird in Schrägstücke tranchiert. Zwei schmale Streifen kommen jeweils auf ein Canapé. Die Gambaretti werden in der Mitte bis kurz vor das Schwanzende aufgeschnitten und aufgeklappt auf das vorbereitete Brot gelegt, so daß das Schwanzende nach oben zeigt.

Die hergerichteten Canapés erhalten allesamt einen Tupfer aus Sahnemeerrettich, um damit der Garnitur Halt zu geben. Die besteht beim Lachs aus einem Schnitz schwarzer Olive und einem winzigen Petersilienstrauß. Beim Babyaal wird auf jedem Fischstück ein kurzer Schnittlauchhalm unter den Cremetupfer geschoben. Der Sahnemeerrettich bekommt ein Tomatenstückchen und Dillspitzen als Schmuck, und den Gambaretti werden als Zierde jeweils ein paar Kresseblätter aufgesteckt.

Garnelen auf dem Gurkensockel

von Astrid Schmitt

Materialauswahl

Garnelenschwänze
Salatgurke
Frischkäsecreme

Zum Garnieren

Dill
gefüllte Oliven
Minitomate

Eine Salatgurke wird mit dem Buntmesser in 1 cm dicke Scheiben gerade aufgeschnitten, wodurch der Gemüsesockel eine gerillte Oberfläche erhält.

Frischkäse mit Meerrettich aufschlagen und mit etwas Zitrone abschmecken, so daß die Creme-Masse eine relativ feste Konsistenz hat, damit die Garnelenschwänze gut halten. Die Creme mit dem Spritzbeutel auf die Gurkenscheiben auftragen.

Die Käsehauben ausgarnieren. Dazu die Oliven halbieren und jedem Häppchen eine Hälfte leicht aufdrücken, ebenso ein Tomatenviertel und eine Dillspitze.

Zum Schluß die Garnelen mit dem Schwanzende nach oben aufsetzen. Hier wurden Garnelen aus dem Ring verwendet, weil diese Ware besonders gleichmäßige Teile gewährleistet.

Tip Die Garnelen auf dem Gurkensockel sind schnell gemacht, sehen besonders gut aus und haben angesichts des vergleichsweise geringen Materialeinsatzes eine hohe Wertschöpfung. Sie können als Häppchen bei einem Stehempfang gereicht werden. Dann sollten allerdings die Schalenreste vom Schwanzende völlig entfernt werden. Die mundgerechten Leckerbissen eignen sich aber genauso als Blickfangdekoration auf einer gemischten Fischplatte. Bei weiten oder schwierigen Transporten empfiehlt es sich, erst beim Aufbau des Büffets die Garnelen auf den Gurkensockel zu setzen.

Canapé-Etagere
von Brigitte Purschke

Materialauswahl

Für die obere Etage:

Räucherlachs
Fischfond
rote und weiße
   Blattgelatine
Sahne
Pfeffer
Salz
Worcestersauce
Salatgurke
Zitrone

Für die mittlere Etage:

Garnelenschwänze
Salatgurke
Eiercreme
Forellenkaviar

Für die untere Etage:

Aal
Räucherlachs
Forelle
Shrimps
Weißbrot
Butter
Lollo Bionda
schwarze Oliven
gefüllte Oliven
Tomaten
Salatgurke
Eiercreme
Frischkäsecreme
Petersilie

Alle Canapés auf der unteren Etage haben eine Weißbrotunterlage. Dazu wird Weißbrot mit einer Rundform ausgestochen. Die nicht benötigten Ränder werden gesammelt und für Semmelbrösel oder Croutons verwendet. Das Brot buttern und mit dem gekräuselten Teil des Lollo belegen.

Eine Lachsscheibe reicht für zwei Canapés. Dazu die Scheibe halbieren und zu einer Muschelform einschlagen. Das geht einfach und schnell: Die halbierte Scheibe von der Längsseite halb umschlagen und die beiden Enden nach hinten rechts und nach links umbiegen. Die Lücke läßt sich mit einem Streifen Frischkäsecreme (Rezept Seite 181) füllen. Eine schwarze Olive markiert den Mittelpunkt.

Jeweils drei Shrimps bilden einen Knoten, in dessen Mitte ein Frischkäsetupfer die „Halterung" für die Garnitur bildet. Diese besteht aus zwei Vierteln einer Gurkenscheibe und einem kleinen Petersiliensträußchen. Die Forellenfilets werden der Länge nach in der Mitte geteilt, und von diesen Stücken entstehen durch einen Schrägschnitt die erforderlichen Rhomben, die so aufzusetzen sind, daß das Ganze aussieht wie ein Schwalbenschwanz. Ein Tupfen Eiercreme (Rezept Seite 180) bringt Farbe und schließlich auch den Halt für die mit Paprika gefüllte Olivenscheibe.

Auch der Aal wird schräg geschnitten und zu jeweils zwei Stücken auf die Unterlage gesetzt. Dabei ist es ratsam, die dicken und dünnen Stücke zu mischen, damit sich eine einheitliche Optik ergibt. Ein Tupfer Eiercreme sorgt für die Befestigung der zwei Tomatenspitzen, die mit Petersilie ausgarniert werden.

Für die Canapés der mittleren Etage bilden schräg geschnittene Gurkenscheiben den Unterbau, die jeweils einen großzügigen Tupfer Eiercreme erhalten. Die Eiercreme sollte eine ziemlich feste Konsistenz haben, um ein Abrutschen der Garnelen zu verhindern.

In die Eiercreme werden die Garnelen mit dem Schwanzende nach unten vorsichtig eingedrückt. Dann wird noch ein wenig Eiercreme dort aufgespritzt, wo die Garnelen eingesteckt wurden. Das gibt zusätzlichen Halt. Darauf kommen die schwarz glänzenden dunklen Perlen des Kaviars. Der läßt sich am besten mit der Spitze eines Sparschälers (wie er für Spargel und Kartoffeln verwendet wird) portionieren. Mit einer Messerspitze werden schließlich die Kaviarkugeln etwas zusammengedrückt, damit sie nicht herunterpurzeln.

Auf der oberen Etage haben die Lachsmousse-Törtchen ihren Paradeplatz. Als Behältnis für die Mini-Terrinen eignen sich am besten Probierschälchen von der Salattheke. Zuerst werden mit einem Ausstecher Räder aus Räucherlachs hergestellt. Die Abschnitte finden für die Mousse Verwendung.

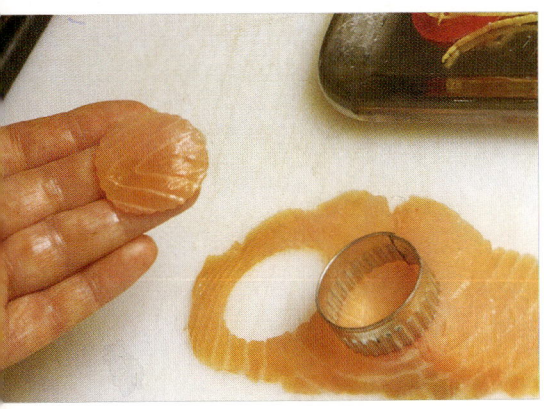

Zunächst wird die rote Gelatine vorschriftsmäßig aufgeweicht und in klarem Fischfond gelöst. Damit in den Plastikschälchen einen Spiegel gießen und fest werden lassen. Dann kommt die Lachsscheibe obenauf, bevor die Mousse eingefüllt wird. Für die Mousse ist die weiße Gelatine in Fischfond zu lösen. Dazu kommen die Abschnitte vom Räucherlachs – ein Teil in kleinen Streifen, der andere Teil wird zu einer Farce püriert – und geschlagene Sahne. Das Ganze wird mit Salz, Pfeffer und Worcestersauce abgeschmeckt, bevor die Mousse in die Form gestrichen wird. Die Törtchen können über Nacht im Kühlhaus fest werden, ehe sie anderntags kurz in heißes Wasser getaucht und dann aus der Form gelöst werden. Mit Zitronen-Julienne bestreut und auf eine Gurkenscheibe gesetzt, sind sie die Glanzlichter auf der Canapé-Etagere.

Tip Auch ohne die Gurkenunterlage machen die Lachsmousse-Törtchen auf einem Vorspeisenteller Appetit. Ein schwarzer Untergrund bringt die Farben besonders gut zur Geltung, und ein Zweig frischer Minze genügt als Dekoration.

Fischhäppchen
von Astrid Schmitt

Materialauswahl

rundes Stangenweißbrot
geräucherte Forellenfilets
geräucherter Lachs
Schillerlocken
Graved Lachs
Garnelen
Matjesfilets
Krabben
gesalzene Butter

Zum Garnieren

Tomaten
Lollo Rossa
Lollo Bionda
Brokkoli
Dill
Blattpetersilie
Ei
Salatgurke
Sahnemeerrettich
gefüllte Oliven
Zitrone
Spargelspitzen
Lachskaviar

Tip Das Weißbrot kann man sich vom Bäcker in einer speziellen Rundform backen lassen. Es hat Baguettelänge und läßt sich in gleichmäßige Scheiben aufschneiden. Gut gebuttert lassen sich die Happen bereits etliche Stunden vor der Auslieferung herrichten. Deshalb immer Salatblatt, Gurken- oder Eischeiben als Unterlage verwenden, damit das Brot nicht durchweicht.

Das Brot in Scheiben schneiden und buttern. Die Forellenfilets schräg in 2,5 cm breite Stücke schneiden und mit einem Blatt grünem Lollo auf die Brotscheiben legen. Den Lachs wie eine Schinkenscheibe gefächert auflegen. Die Schillerlocken in eine Scheibendicke von 0,5 cm aufschneiden und jeweils drei Scheiben auf ein mit einer Scheibe Tomate belegtes Brot auffächern.

Den Graved Lachs scheibenweise ebenfalls falten und auf dem roten Lollo auf das Brot geben. Für die Garnelenhappen wird zuerst ein wenig Blattpetersilie aufs Brot drapiert, dann eine Scheibe gekochtes Ei. Darauf kommt jeweils eine geschälte Garnele, die halbiert und wie in Herzform aufgelegt wird. Die Matjesfilets in 1,5 cm dicke Stücke schneiden. Als Unterbau dienen hier eine mit dem Buntmesser abgeschnittene Scheibe Salatgurke und ein kleiner Tomatenkeil.

Filigranarbeit ist bei den Matjeshappen gefragt: Aus der Schale von Minitomaten werden die Röschen für die aufwendige Dekoration geschnitten, was Geschicklichkeit und Übung voraussetzt. Durch einen Tupfer Sahnemeerrettich hält die Tomatenrose auf den Matjesfilets, die noch mit einem Blatt Petersilie ausgarniert werden.

Auch für die übrigen Happen ist die Garnitur arbeitsaufwendig: Die Häppchen mit dem Graved Lachs bekommen eine Auflage aus Spargelspitzen und Petersilienblatt. Forellenfilets erhalten zwei Tupfer Sahnemeerrettich und zwei Scheiben Oliven mit einer Dillspitze. Beim geräucherten Lachs wird jeweils mit Sahnemeerrettich, Krabbe und Dill ausgarniert. Die Schillerlocken bekommen Frischkäsetupfer, auf die ganz kleine Brokkoliröschen und winzige Zitronenviertel gesteckt werden. Käsehäubchen mit jeweils drei eingedrückten Kaviarperlen zieren die Garnelenbrote.

Französische Schnittchen

von Karlheinz Geibel

Materialauswahl

geräucherter Lachs
Graved Lachs
Heilbutt
geräucherte Forelle
Shrimps
französisches Weißbrot
Butter
Lollo Rossa
Lollo Bionda

Zum Garnieren

Sahnemeerrettich
Ei
Keta Kaviar
Petersilie
Blattpetersilie
Dill
gekochte Eier
Schnittlauch
Radieschen

Das französische Weißbrot wird schräg aufgeschnitten, so daß sich längliche Scheiben ergeben. Jede davon buttern und alle in Dreierreihen ordnen. Jede Scheibenreihe abwechselnd mit einem Blatt rotem und grünem Lollo belegen (Salat gut schleudern).

Jeweils zwei Lachsscheiben haben auf einem Häppchen Platz. Der gebeizte Lachs mit seinem bunten Kräuterrand auf dem grünen Lollo bekommt eine Schmetterlingsgarnitur. Die besteht aus einem Klecks Sahnemeerrettich, in den Flügel aus zwei Scheiben schwarzer Olive und Fühler aus Schnittlauchröllchen eingesteckt werden. Der einfarbige geräucherte Lachs erhält durch den roten Lollo seinen ersten Farbtupfer, jeweils eine Krabbe und eine halbe gefüllte Olive mit einem Petersiliensträußchen vervollkommnen die Garnitur und finden durch den Sahnemeerrettich Halt.

Die Forellenfilets mit schrägen Schnitten teilen und damit die Brote belegen. Darauf kommt die Garnitur, bestehend aus einem Eistück, einem Tupfer Sahnemeerrettich mit einer Auflage von zwei halben Radieschenscheiben, einer Scheibe der gefüllten Oliven und einem Petersiliensträußchen.

Bei den mit Heilbutt belegten Schnittchen kommen jeweils drei Scheiben Fisch auf ein Brot. Ein schmaler Schnitz gekochtes Ei, daneben ein Meerrettichtupfer mit aufgestreuten Kaviarperlen und ein Stück Blattpetersilie machen die Auflage komplett.

Als Unterlage für die Shrimps werden die Brote zunächst mit Eischeiben fächerförmig ausgekleidet. Darauf die Shrimps strahlenförmig auslegen. Hier ist die Garnitur schnell fertig. Sie besteht nur aus einem Tupfer Sahnemeerrettich und zwei gegeneinander aufgesteckten Dillspitzen.

Lachsspirale
von Pia Hillen

Materialauswahl

geräucherter Lachs
Graubrot
Kräuterbutter
Schnittlauch

Zum Garnieren

Krabben
Limonen
Minze

Tip Nicht nur als Vorspeise kommt die Lachsspirale gut zur Geltung, sie kann auch als Häppchen in einem Papierförmchen bei einem Stehempfang gereicht werden. Werden die Scheiben der Lachsspirale bei Lachs- oder gemischten Fischplatten eingearbeitet, bekommen diese einen wirkungsvollen Blickfang.

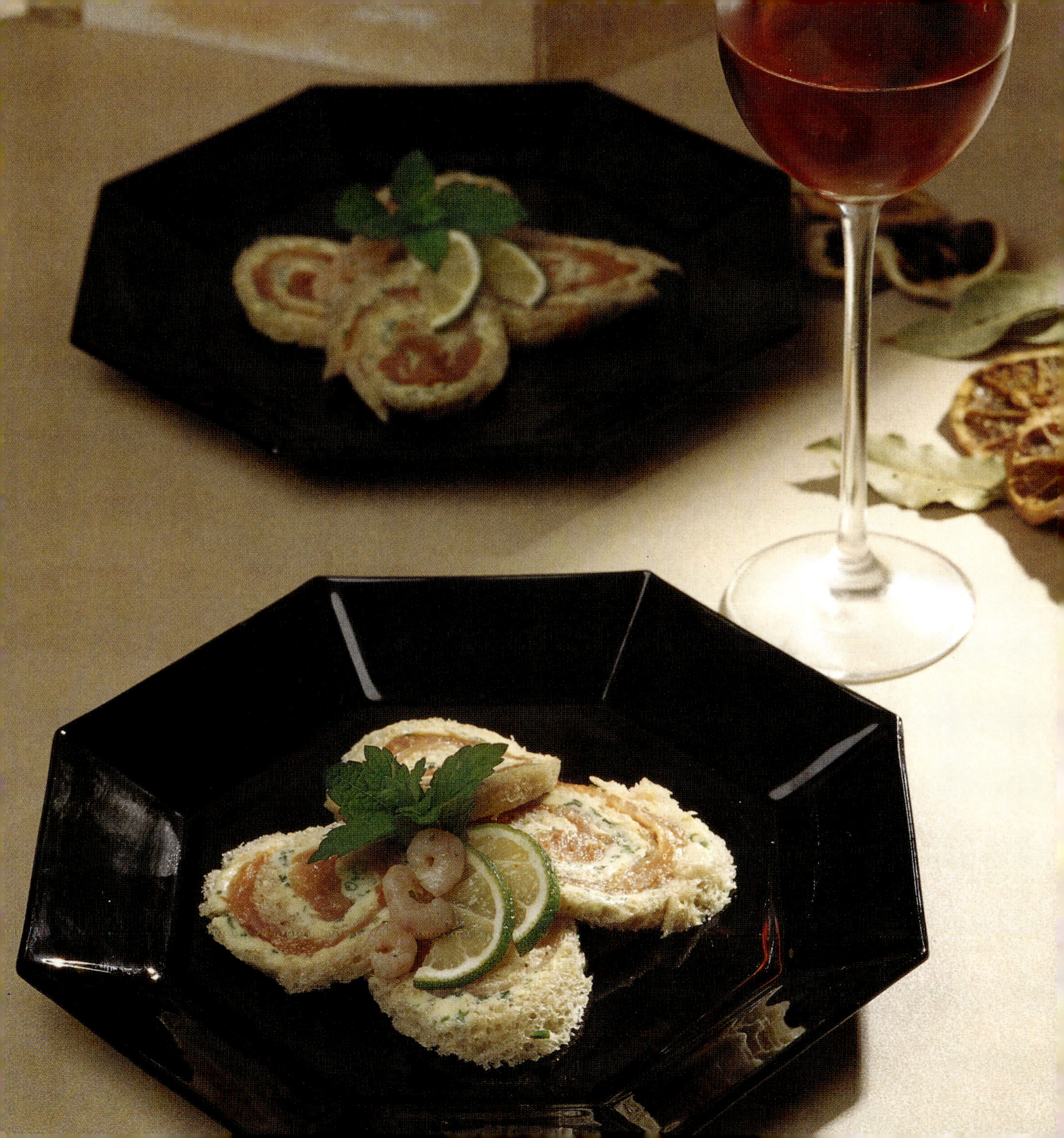

Für die Brothülle der Lachsspirale eignet sich am besten ein längliches Roggenmischbrot, dessen kräftiger Geschmack gut zum geräucherten Lachs paßt. Beim Lachs müssen nicht unbedingt komplette Scheiben genommen werden: Für den Belag aus Fisch können auch Zuschnitte verwertet werden, die von anderen Platten übrig bleiben, bei denen für eine ansprechende Optik gleichmäßig große Scheiben erforderlich sind.

Das Brot wird mit der Aufschnittmaschine der Länge nach in 4 bis 5 mm dicke Scheiben aufgeschnitten. Zwei dieser langen Brotstreifen ganz dicht nebeneinanderlegen und mit dem Nudelholz ein paarmal darüberrollen, damit die Krume fester wird.

Die Brotscheiben anschließend gleich auf ein Stück Klarsichtfolie legen und mit der Kräuterbutter (mit oder ohne Knoblauchnote) großzügig bestreichen, dann den Schnittlauch in dünnen Röllchen aufstreuen. Der Schnittlauch kann auch zuvor schon in die Butter eingearbeitet werden. Dann den Lachs auflegen, bis die gesamte Fläche bedeckt ist...

...und das Brot eng zusammenrollen. Schon beim Formen das Ganze etwas andrücken, damit die Bestandteile besser aneinander haften. Anschließend die so entstandene Rolle in die Folie wickeln, die Enden zusammendrehen und pressen. Vor der Weiterverarbeitung die Rolle für mindestens 1 Stunde im Tiefkühlhaus ruhen lassen, damit die Butter richtig fest wird. Als Tellergericht wird die Lachsspirale angerichtet, indem von der Rolle die Scheiben schräg abgeschnitten und jeweils vier Scheiben dachziegelartig in der Mitte übereinander gelegt werden. Mit ein paar halbierten Limonenscheiben und einem Zweig frischer Minzeblätter ist die Kreation fertig.

Aalrauchmatjes auf Apfelsockel

von Karlheinz Geibel

Materialauswahl

Aalrauchmatjes
Äpfel
Zitronensaft

Für die Creme

Gemüsemeerrettich
Sahne
Zitronensaft
Salz
Preiselbeeren

Zum Garnieren

schwarze Oliven
Tomaten
Petersilie
Holzspeiler

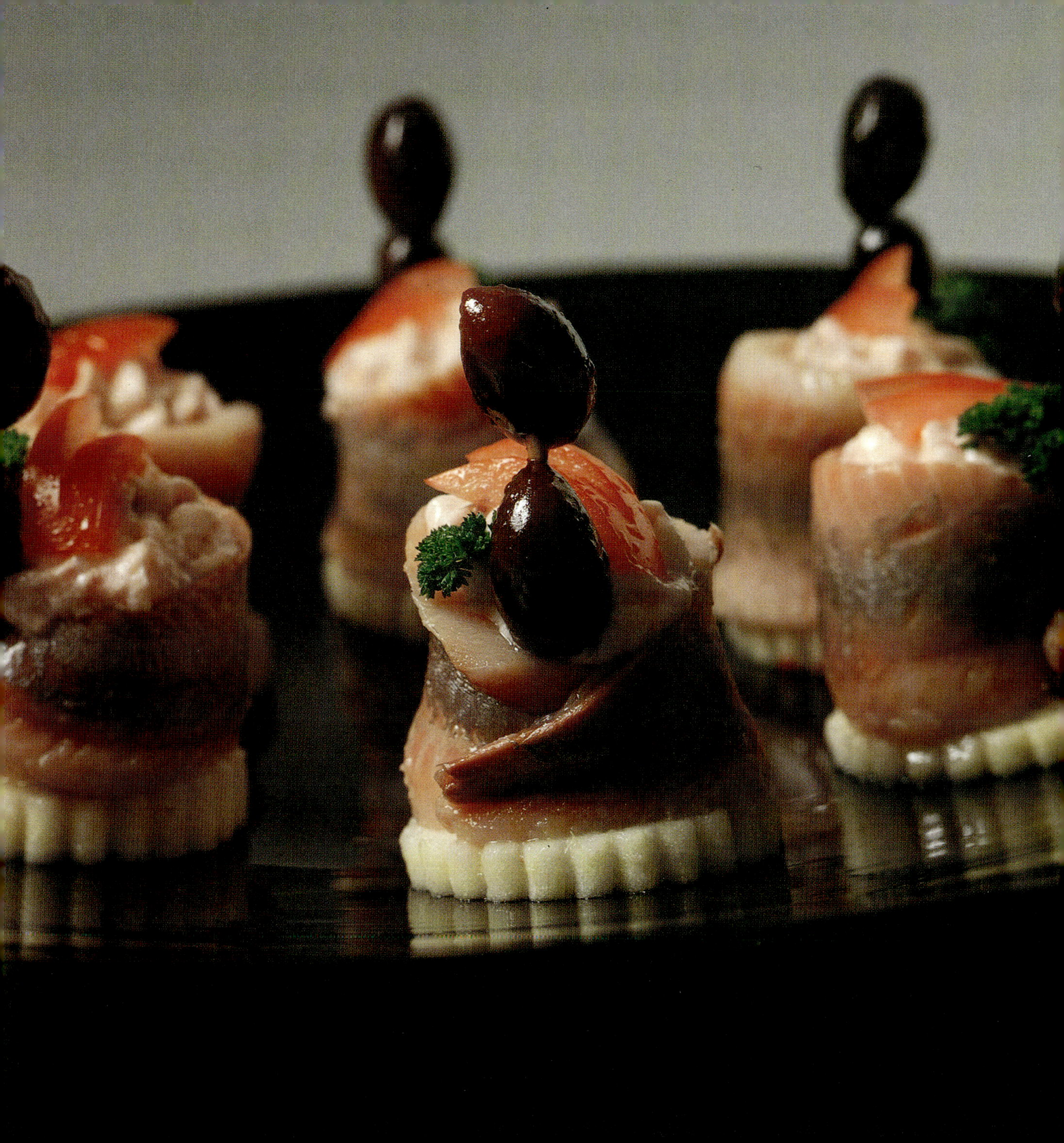

Die Matjesfilets sind nicht – wie der Name eigentlich vermuten läßt – geräuchert, sondern mit Aalrauchextrakt behandelt und in einer Ölmarinade eingelegt. Um den für die Zubereitung hinderlichen Ölfilm zu entfernen, sollte der Fisch vor Gebrauch unter fließendem Wasser abgespült und dann sorgfältig trockengetupft werden. Bei den Äpfeln eine Sorte mit leicht säuerlicher Note wählen. Sie werden in ungefähr 1 cm dicke Scheiben geschnitten und erhalten durch das Ausstechen ihre Plätzchenform. Die Apfelscheiben kurz in Zitronensaft tauchen, damit sie nicht braun werden.

Auf dem Apfelsockel wird jeweils ein Matjesfilet von einer Seitenkante her aufgerollt und zusammengesteckt. In den entstandenen Hohlraum wird die rosafarbene Creme eingespritzt. Sie hat eine feste Konsistenz und wird aus dem Gemüsemeerrettich, ganz steif geschlagener Sahne und Preiselbeeren angerührt und mit Salz und Zitrone abgeschmeckt.

Auf das überstehende Ende des Holzspießes werden zwei schwarze Oliven gesteckt. Die Füllung bekommt eine Tomatengarnitur mit ein bißchen Grün aus Petersilie. Zum Schluß werden die Appetithappen mit Aspik überglänzt. Zum Aufsprühen wurde eine Blumenspritze umfunktioniert, mit der sich der Aspik hauchdünn und gleichmäßig verteilen läßt.

Forellencocktail
von Sabine und Margit Maulick

Materialauswahl
geräucherte Forellenfilets
Melone

Das Dressing
Olivenöl
Himbeeressig
Salz
Pfeffer

Zum Garnieren
frische Minze
Rosa Beeren (Roter Pfeffer)
oder rote Paprikaschote

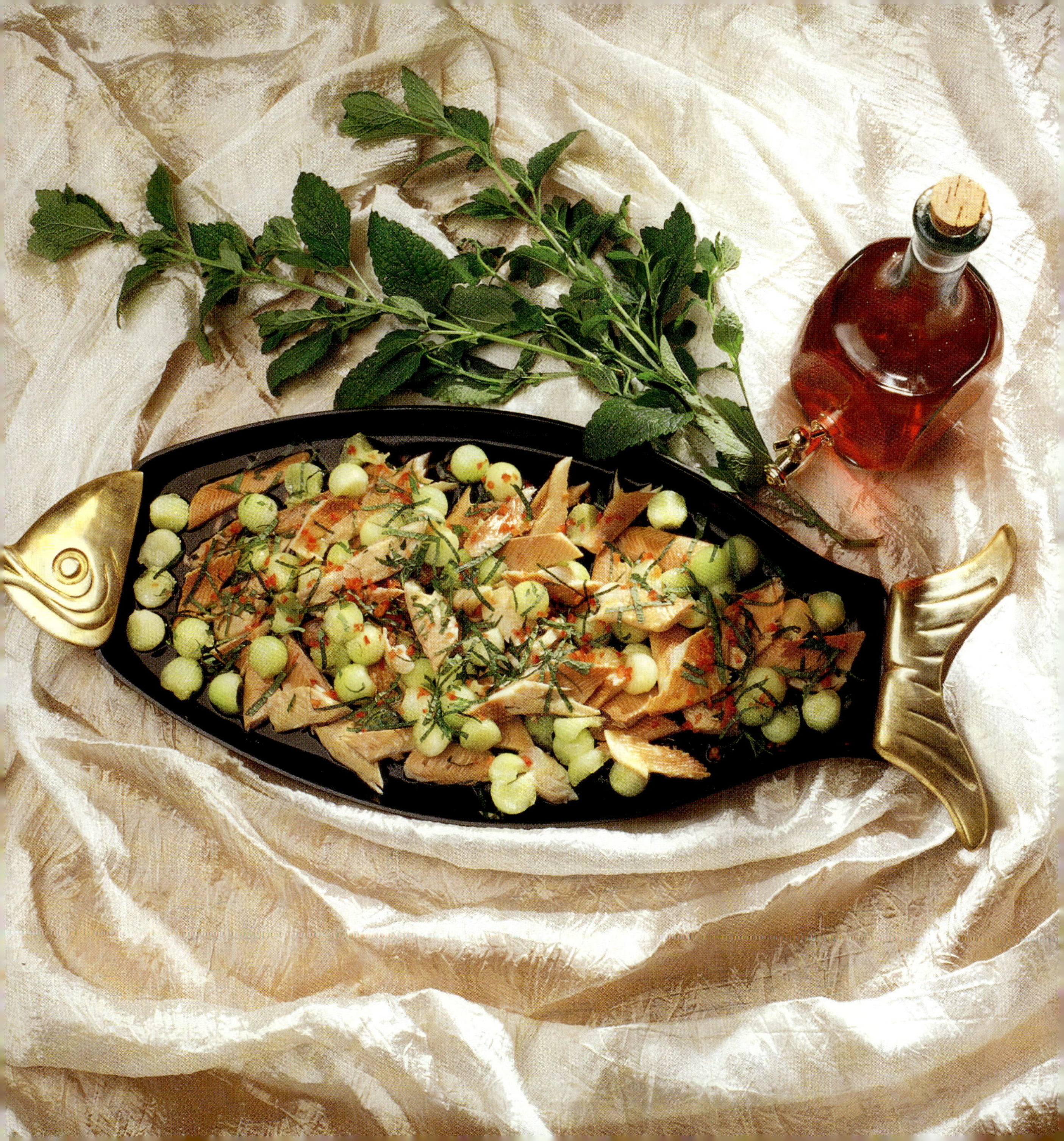

Die Forellenfilets entweder in dickere Streifen schneiden oder in grobe Stücke brechen. Aus dem Fleisch der Melone mit einem speziell dafür vorgesehenen Ausstecher Kugeln formen.

Melonen und Forellenstücke werden nicht geschüttet, sondern einzeln per Hand auf der Platte verteilt, ehe das klare Dressing darübergeträufelt wird. Das besteht aus Himbeeressig, einem hellen Olivenöl, Salz und frisch gemahlenem Pfeffer.

Genauso raffiniert wie die Kombination der Zutaten ist die zugleich schmückende wie geschmackgebende Garnitur, die aus in Streifen geschnittenen Minzeblättern und roter Paprika besteht, die locker übergestreut werden. Anstelle von roter Paprika lassen sich auch die roten Pfefferbeeren verwenden.

Frutti di Mare

von Pia Hillen

Materialauswahl

Meeresfrüchte (Tiefkühlware)
Surimi
Tomaten
Lauch
Zwiebeln

Das Dressing

Walnußöl
Zitrone
Knoblauchpfeffer
Salz
Zucker
Kräuter
(Liebstöckel, Rosmarin
und Thymian)

Zum Garnieren

Lollo Rossa
Zitrone
Basilikum

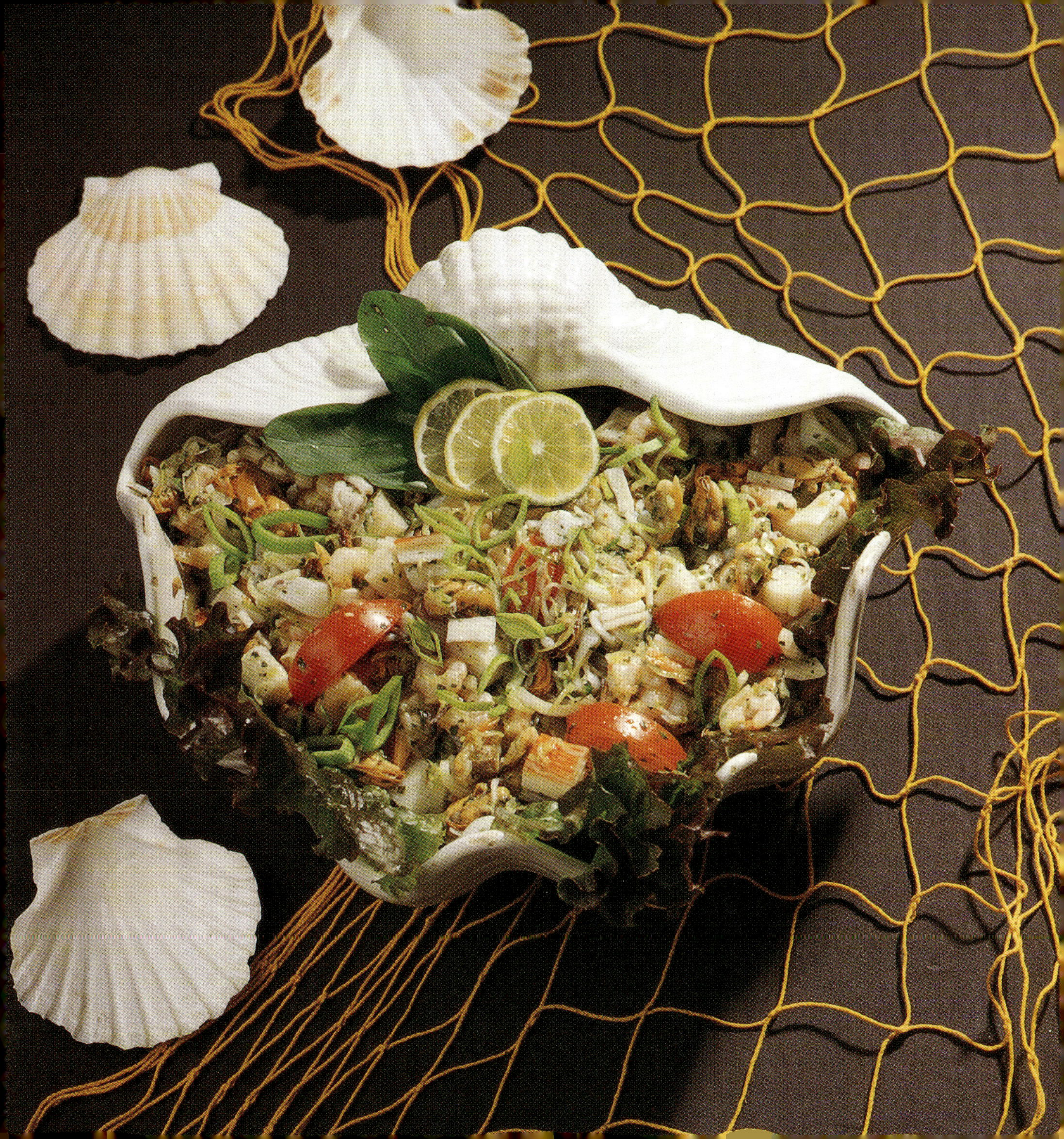

Das bunte Bild der Zutaten bleibt auch bei der fertigen Salatkomposition erhalten. Zuerst werden die Tomaten in Spalten zerteilt und die Kerne entfernt, so daß nur das schiere Fruchtfleisch übrig bleibt. Das ist unerläßlich, damit der Salat nach dem Anmachen nicht zuviel Flüssigkeit hat, die sich absetzt. Bei den Zwiebeln können ruhig unterschiedlich große Exemplare verwendet werden. Sie werden in feine Ringe geschnitten, ebenso wie der Lauch. Die Kräuter hacken und zum Gemüse geben. Die Surimistangen in gut zentimeterdicke Stücke teilen.

Die tiefgekühlten Meeresfrüchte für rund 10 Minuten in kochendem Salzwasser ziehen lassen und zum Abtropfen in ein Sieb schütten. Wenn sie gut abgetrocknet sind, mit dem vorbereiteten Gemüse und den Kräutern in eine Mengschüssel geben und mit dem Dressing aus Zitrone (Estragonessig oder Balsamico sind eine schmackhafte Alternative), Walnußöl, Salz, Zucker und Knoblauchpfeffer abwürzen. Danach sollte der Salat noch etwas stehenbleiben, denn er zieht Wasser, das vor dem Anrichten in der Keramikmuschel abgegossen wird. Noch besser ist es, die Meeresfrüchte mit einer Schaumkelle aus der Mengschüssel zu heben, in der dann die abgesetzte Flüssigkeit zurückbleibt. Ausgarniert wird mit zwei oder drei Tomatenspalten, ein paar Zitronenscheiben und einigen zerpflückten Lolloblättern. Für einen zusätzlichen Farbtupfer sorgen ein paar grüne Blätter – Basilikum oder Blattspinat.

Krabbencocktail

von Sabine und Margit Maulick

Materialauswahl

Shrimps
Pfirsiche (Dosenware)
Champignons (Dosenware)
Avocado

Das Dressing

Mayonnaise
Ketchup
Crème fraîche
Tabasco
Cognac

Zum Garnieren

Dill
Zitrone

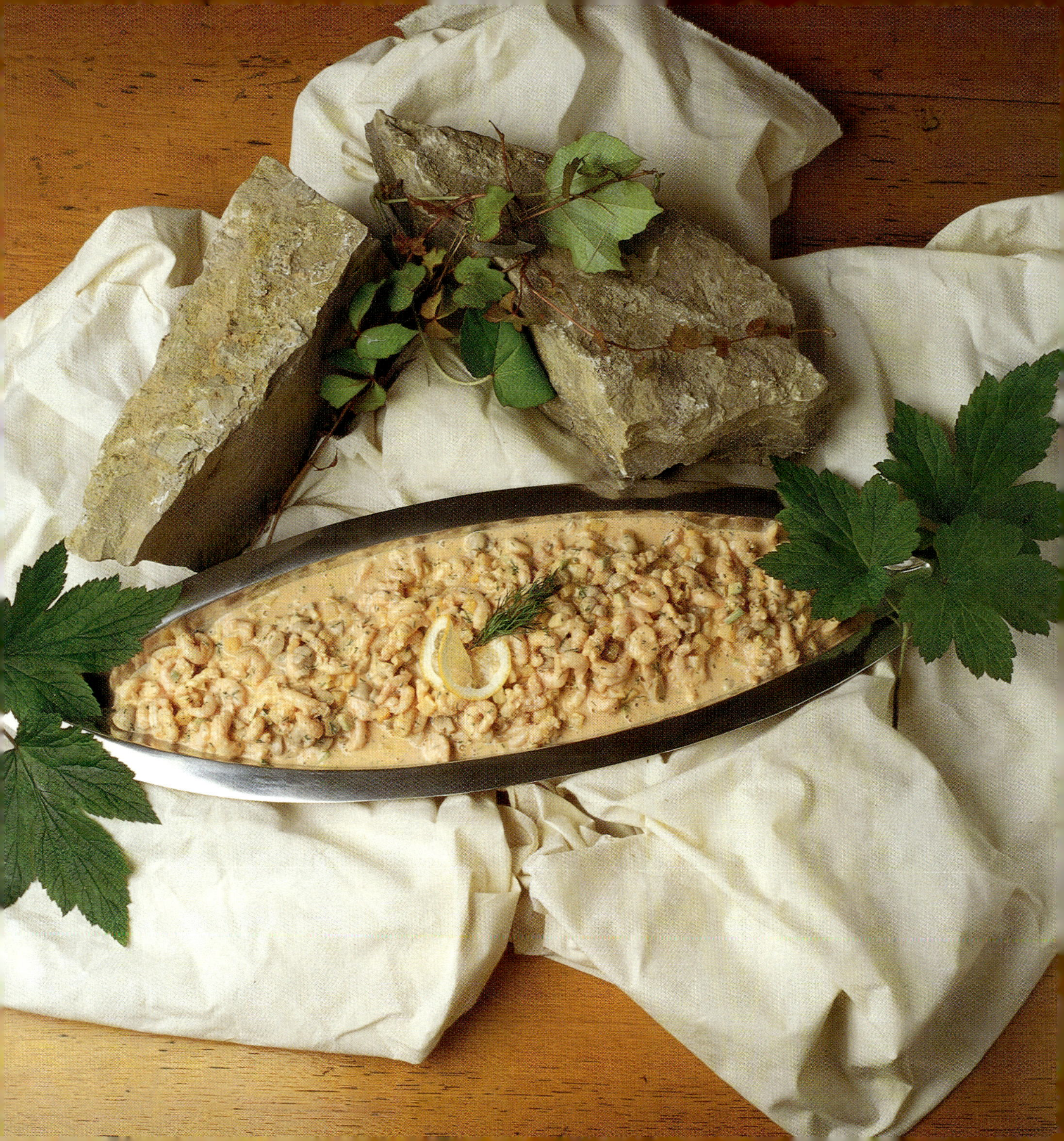

Die Shrimps aus der Salzlake nehmen und ebenso wie die Pfirsiche und Champignons gut abtropfen lassen. Das ist wichtig, sonst setzt sich später die Flüssigkeit ab und „verwässert" das Dressing. Bei der Avocado eine reife, aber noch feste Frucht verwenden. Pfirsiche, Champignons und Avocado in Würfel schneiden und zusammen mit den Shrimps in eine Mengschüssel geben.

Tip Für diese Platte wurden 2 kg Shrimps, eine Avocado, eine halbe Dose Pfirsiche und eine kleine Dose Champignons verwendet. Diese Menge reicht bei einem Büffet für zehn bis zwölf Personen.

Die Cocktailsauce aus einer 50prozentigen Mayonnaise, Ketchup und Crème fraîche anrühren und alles mit ein wenig Tabasco und einem Schuß Cognac abschmecken. Die Sauce sollte eine cremige Konsistenz haben, wenn sie über die stückigen Einlagen gegossen wird.

Die Zutaten vorsichtig vermengen, damit die Pfirsich- und Avocadowürfel nicht zerdrückt werden und deren Stückigkeit erhalten bleibt. Danach wird der so zubereitete Krabbencocktail für gut 1 Stunde kühlgestellt, damit alles gut durchziehen kann, ehe der fertige Salat auf einer Platte angerichtet wird. Zum Schluß mit einem Sträußchen Dill und Zitrone garnieren.

Skagen-Salat
von Karlheinz Geibel

Materialauswahl
Surimi
Shrimps
Zitrone

Das Dressing
Schmand
Mayonnaise
Dill
Salz
Pfeffer

Zum Garnieren
Zitronen
Dill

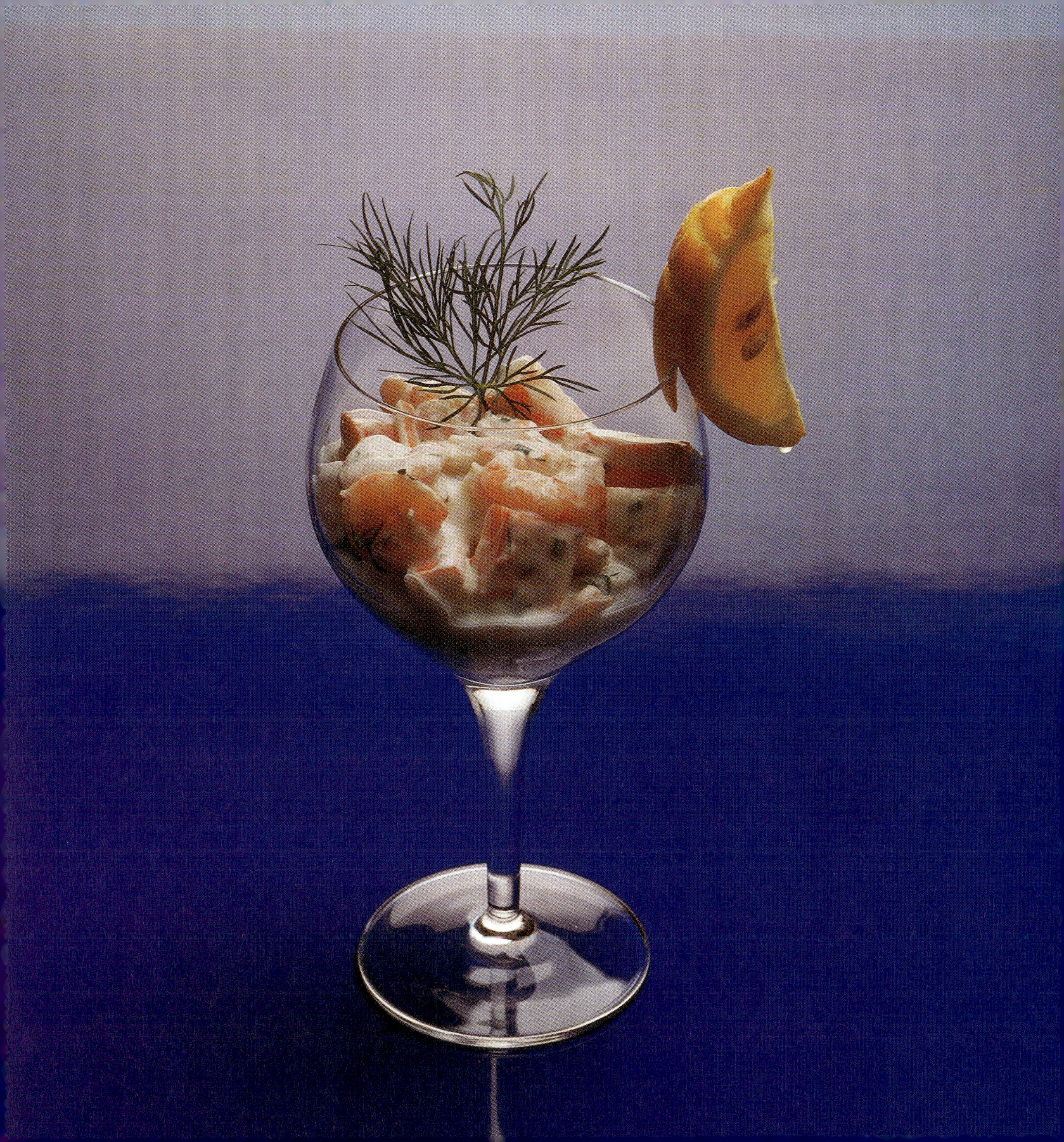

Dieser Salat ist mit Tiefkühl-Shrimps zubereitet, die zunächst aufgetaut werden müssen. Dazu werden sie in eine Lake aus Wasser und viel Zitronensaft geschüttet. In dieser Lake können die Shrimps sogar über mehrere Tage hinweg bevorratet werden, ohne daß sie auslaugen, denn durch die Zitrone bleiben sie lange aromatisch frisch. Bei Bedarf wird die erforderliche Portion herausgenommen und kann in einem Sieb abtropfen.

Die gut abgetropften Shrimps werden mit Zitrone beträufelt. Die Surimi-Stäbchen aus der Vakuumpackung nehmen und die Stangen in etwa 1,5 cm große Stücke teilen. Den Dill fein schneiden.

Mit Schmand und Mayonnaise wird das Dressing angerührt. Zwar könnte für eine „schlanke" Variante auf die Mayonnaise verzichtet werden, aber durch sie emulgiert die Sauce leichter und hat eine bessere Haftung. Shrimps und Surimistücke sowie der gehackte Dill werden hinzugefügt und alles vermengt, wobei mit Salz und Pfeffer abgeschmeckt wird. Jede Portion wird in einem Stielglas serviert, dazu einen Dillzweig aufsetzen und auf den Rand ein Zitronenviertel stecken.

Matjestopf „Maulick Art"
von Sabine und Margit Maulick

Materialauswahl

Matjesfilets
säuerliche Äpfel
Zwiebeln
Schnittlauch

Das Dressing

Crème fraîche
Joghurt
Mayonnaise
Essig
Salz oder Kräutersalz
Weißer Pfeffer

Zum Garnieren

Lollo Bionda
roter Apfel
Schnittlauch oder Schalotten

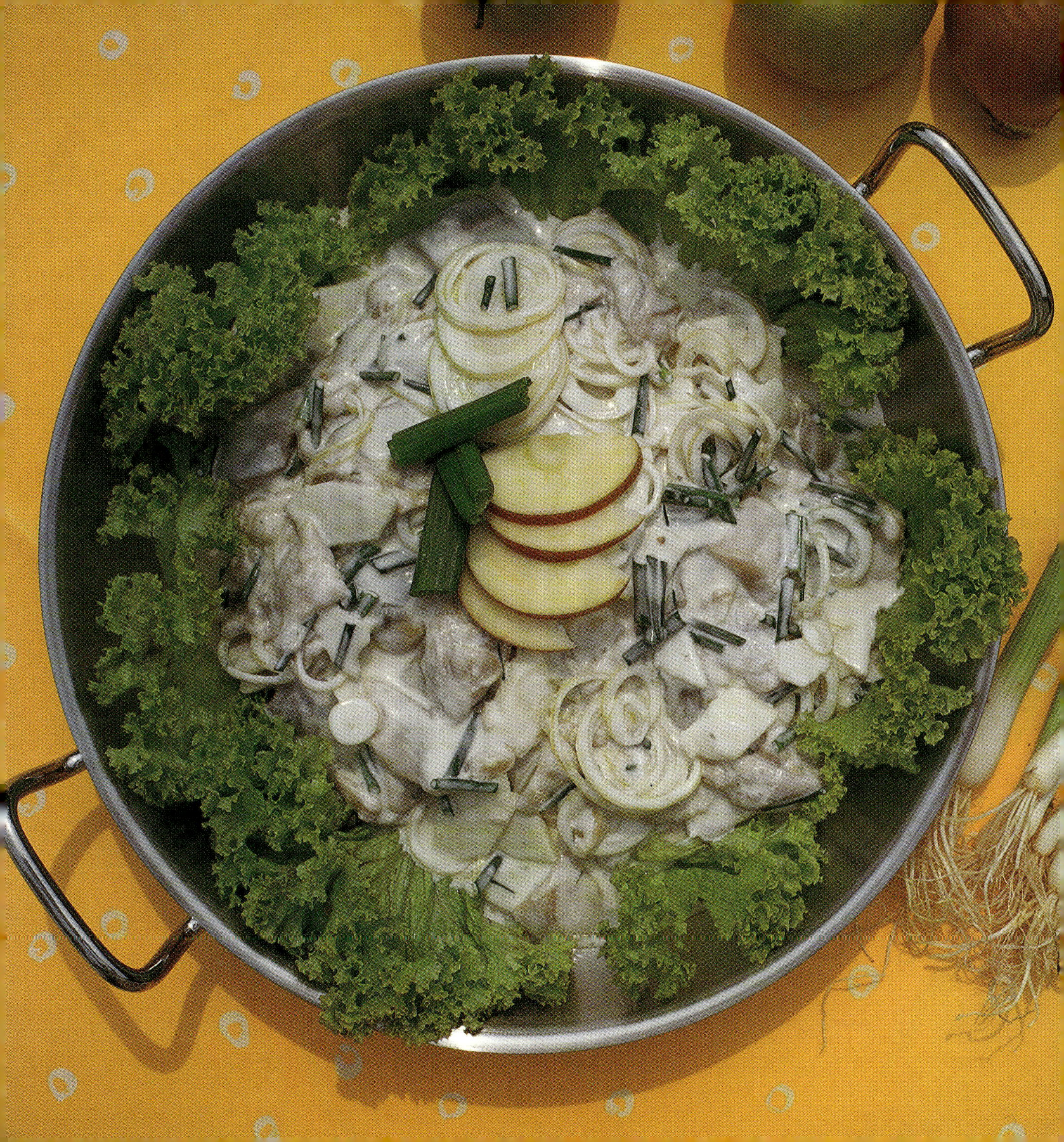

Zunächst die Matjesfilets aus der Salzlake nehmen und abtupfen, bevor sie in mittelgroße Stücke geschnitten werden. Die Äpfel schälen, vierteln, in dünne Scheiben schneiden und in Zitrone oder Perlweiß tauchen, damit sie hell bleiben. Auch die Zwiebeln in dünne Scheiben schneiden. Der Schnittlauch wird in 2 bis 3 cm lange Röllchen geschnitten.

Bei allen Zutaten darauf achten, sie nicht zu klein zu schneiden, damit ihre Struktur noch gut erkennbar ist, zumal bei einem rustikalen Salat wie diesem die Einlagen ruhig ein bißchen größer sein dürfen.

...und das Ganze behutsam vermengen. Kalt stellen. Zum Schluß wird der Salat in einer runden Kasserolle angerichtet. Dazu den Rand mit dem Lollo belegen und in die Mitte den Salat einfüllen. Mit Apfelspalten und Schnittlauch bzw. Schalotten garnieren.

Die vorbereiteten Zutaten in eine Mengschüssel geben und dann die Sauce aus Crème fraîche, Joghurt, ein wenig Mayonnaise (für die cremige Konsistenz) anrühren und mit Weinbrandessig, Salz oder Kräutersalz sowie Pfeffer abschmecken. Die Sauce über die Zutaten in der Schüssel gießen...

Tip Zusammen mit Boullionkartoffeln kann der Matjestopf als komplettes Gericht angeboten werden. Dazu werden frische Kartoffeln in Boullion gekocht, in einen Kupferkessel gesetzt und mit Petersilie benetzt. Dabei wird die erforderliche Menge pro Person mit 150 bis 200 g Matjessalat und 200 g Kartoffeln berechnet.

Hummerplatte
von Astrid Schmitt

Materialauswahl
Hummer

Zum Garnieren
Zitronen
Minitomaten
Feldsalat

Für ihre Hummerplatten verwendet Astrid Schmitt vorwiegend gegarte TK-Ware. Die kräftig gefärbten Prachtexemplare müssen lediglich langsam im Kühlhaus aufgetaut werden, ehe sie auf die Platte kommen. Die Glasplatte vermittelt den Eindruck von Wasser, so daß es aussieht, als seien die Meerestiere noch immer in ihrem natürlichen Element.

Drei Hummer kommen im Ganzen auf die Platte. Die anderen beiden Exemplare werden erst in der Mitte geteilt und dann aufgesetzt. Zitronenkörbchen mit Tomaten- und Feldsalatdekoration und ein Zitronenfächer sind als Schmuck ausreichend. Am Büffet übernimmt das Servicepersonal das fachgerechte Tranchieren (vgl. Seite 188).

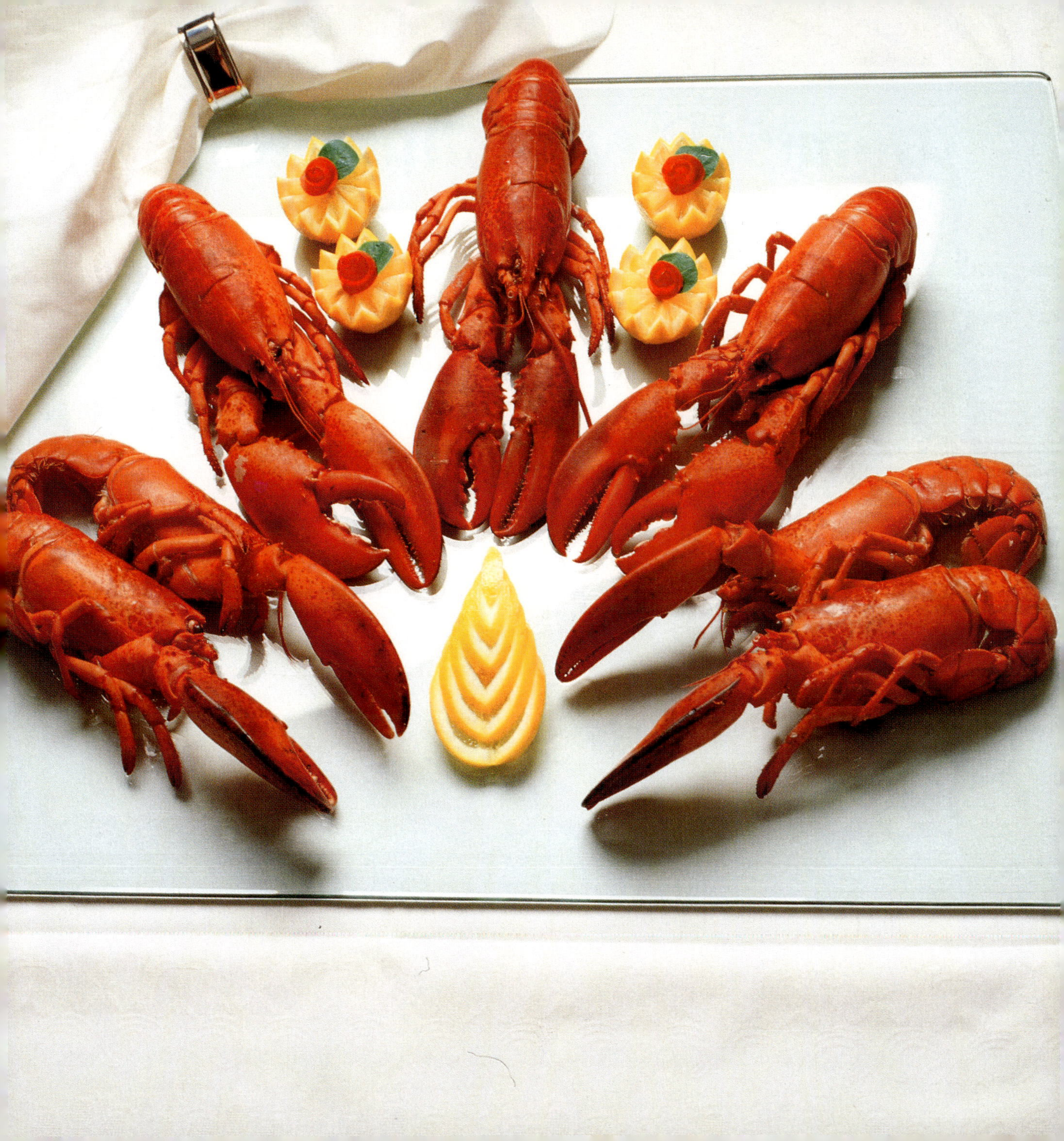

Gemischte Fischplatte

von Pia Hillen

Materialauswahl

geräucherter Lachs
geräucherte Forellenfilets
Graved Heilbutt
Garnelen
Krabben
Hummer

Zum Garnieren

Minze
Brunnenkresse
Muschelschale
Limonen

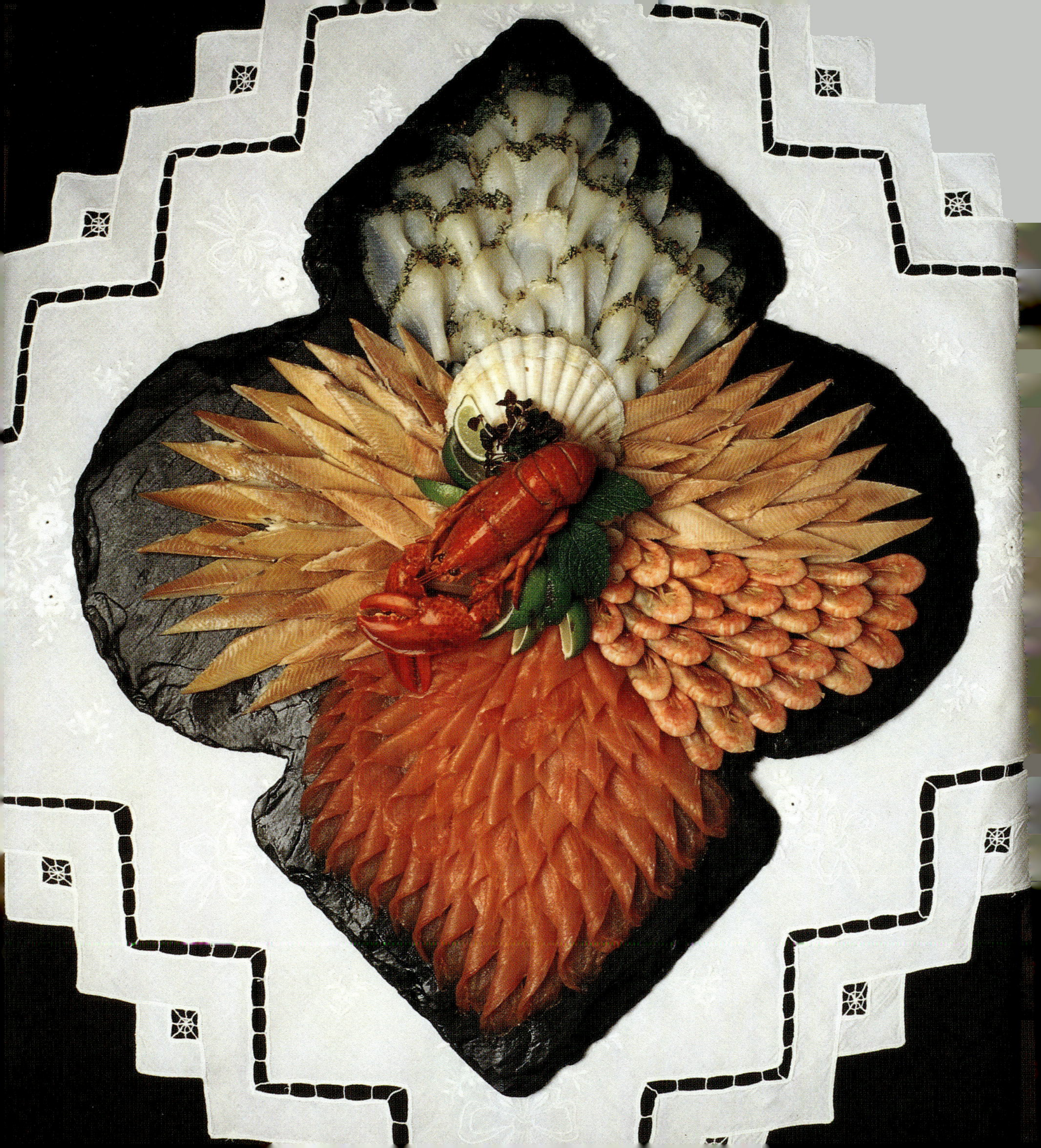

Die Räucherlachsseite ist bereits scheibenweise vorgeschnitten. Die gesamte Seite wird längs halbiert, so daß alle Scheiben eine einheitliche Schnittkante haben. Das Filet des Heilbutt wird an den Seiten mit dem Messer geradegeschnitten, um so ebenfalls gleichmäßige Scheiben zu erzielen. Auch die Forellenfilets werden pariert, in dem sie an den Seiten glattgeschnitten und in der Mitte mit einem sehr schräg angesetzten Schnitt geteilt werden.

Für den Lachsbereich der Platte werden die Fischscheiben einmal tütenförmig eingeschlagen, so daß sich eine Dreiecksform ergibt, bei dem ein schmaler Rand einfach, der überwiegende Teil hingegen doppelt liegt. Generell wird bei dieser Platte von den Spitzen und Rundungen zur Mitte hin gearbeitet, so auch hier bei den Lachstüten.

Die gegenüberliegende Spitze der Schieferplatte ist mit dem Heilbutt bedeckt, der nach demselben Verfahren wie der Graved Lachs mit einer Mischung aus Kräutern, Salz und Zucker mariniert ist. Der grüne Kräuterrand lockert die helle Fläche des Belags auf.

Die beiden Rundbogen bieten Platz für die spitz zulaufenden Forellenstücke. Damit ist der eine Bogen ganz, der andere knapp zur Hälfte belegt. Die verbleibende Fläche nehmen die Garnelen ein, die mit den Köpfen nach unten schuppenartig eingesteckt werden. Die Mitte bleibt dem Hummer vorbehalten, der auf den marinierten Krabben majestätisch Platz nimmt. Minzeblätter und Brunnenkresse sorgen für ein belebendes Grün. Die Muschelschale dient als passende Zierde, und die Limonen runden das Bild ab.

Gemischte Fischplatte
von Astrid Schmitt

Materialauswahl
geräucherter Lachs
geräucherte Forellenfilets
Riesengarnelen

Zum Garnieren
Spargel
Blattpetersilie
Lollo Bionda
Butterrosen

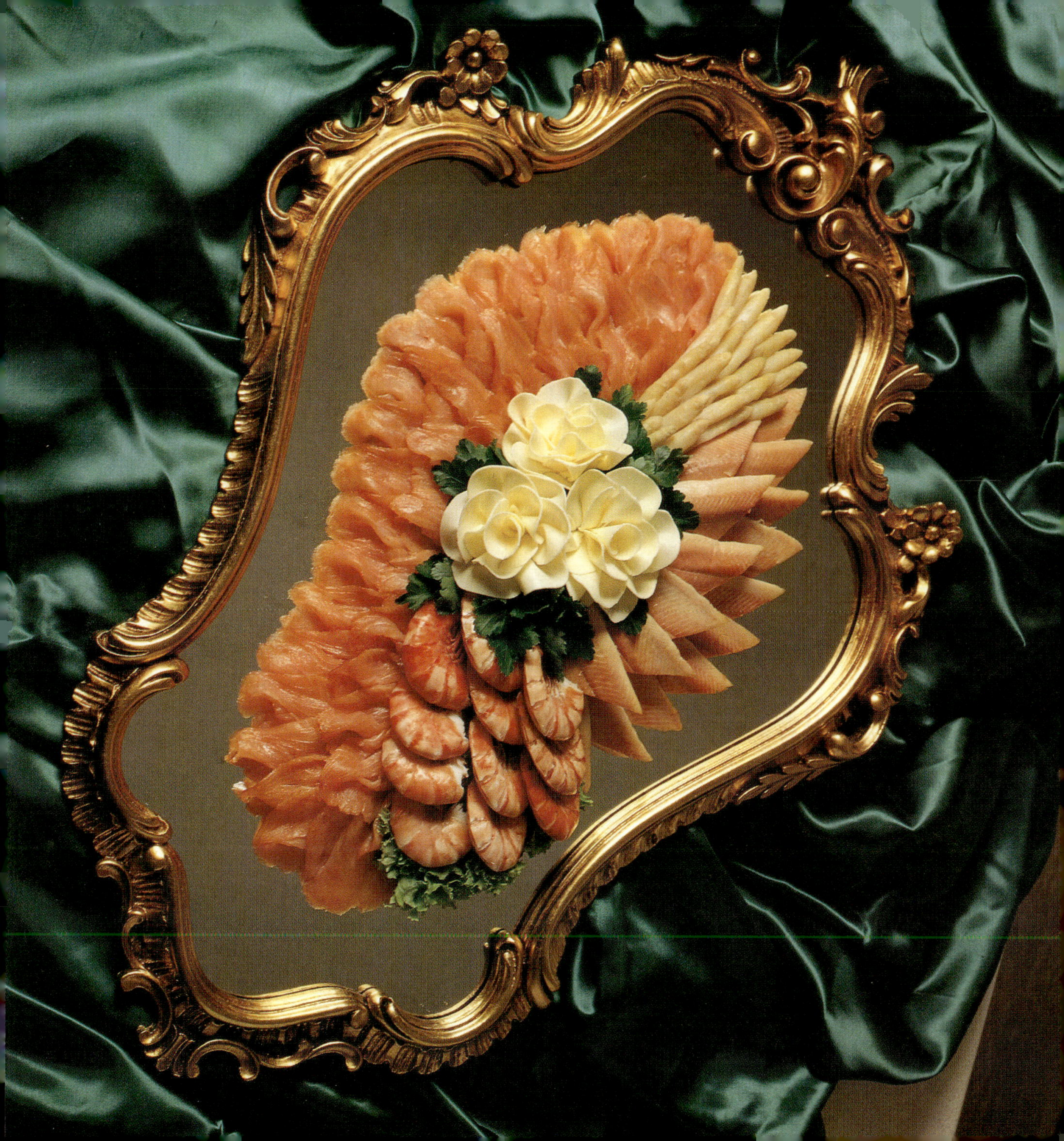

Der geräucherte, vorgeschnittene Lachs wird scheibenweise gefaltet und auf der linken Seite der Spiegelplatte mit einem großzügigen Abstand zum Rahmen angeordnet. Drei Reihen bilden einen Bogen. Gegenüber finden die halbierten und schräg angeschnittenen Forellenfilets ebenso ihren Platz wie die Riesengarnelen, die auf ein Salatbeet gesteckt werden.

In die verbleibende Lücke werden die Spargelstangen vorsichtig eingeschichtet, die den Bogen der Plattenauflage perfekt schließen. Dabei ist darauf zu achten, daß ein einheitliches Höhenniveau erreicht wird, das zum Mittelpunkt hin ansteigt. Wichtig: Der Spargel muß gut trocken sein, damit er nicht aussaftet. Denn auf einem Spiegel ist nachträgliches Säubern recht schwierig.

Der Blickpunkt besteht aus drei großformatigen Butterrosen. Sie werden bei Bedarf unten schräg angeschnitten, damit sie sich zu den Seiten hin neigen und dennoch genügend Standfestigkeit auf dem höchsten Punkt des Gebildes haben. Zum Schluß werden Lücken mit Blattpetersilie ausgarniert.

Butterrosen können auf Vorrat angefertigt werden. Dazu mit der Aufschnittmaschine von einer Rollenbutter dünne Scheiben aufschneiden. Das erste Blatt wird zu einem Röllchen geformt, dann Blatt für Blatt einmal falten und jeweils auf Lücke setzen, bis die gewünschte Fülle erreicht ist. In einer mit Eiswasser gefüllten Schüssel ins Kühlhaus stellen.

Gemischte Fischplatte

von Karlheinz Geibel

Materialauswahl

geräucherter Lachs
Graved Lachs
geräucherter Heilbutt
Forellenfilets

Zum Garnieren

Lollo Rossa
Zitrone
Ei
schwarze Oliven
gefüllte Oliven
Zucchini
Sahnemeerrettich
Keta Kaviar
Blattpetersilie

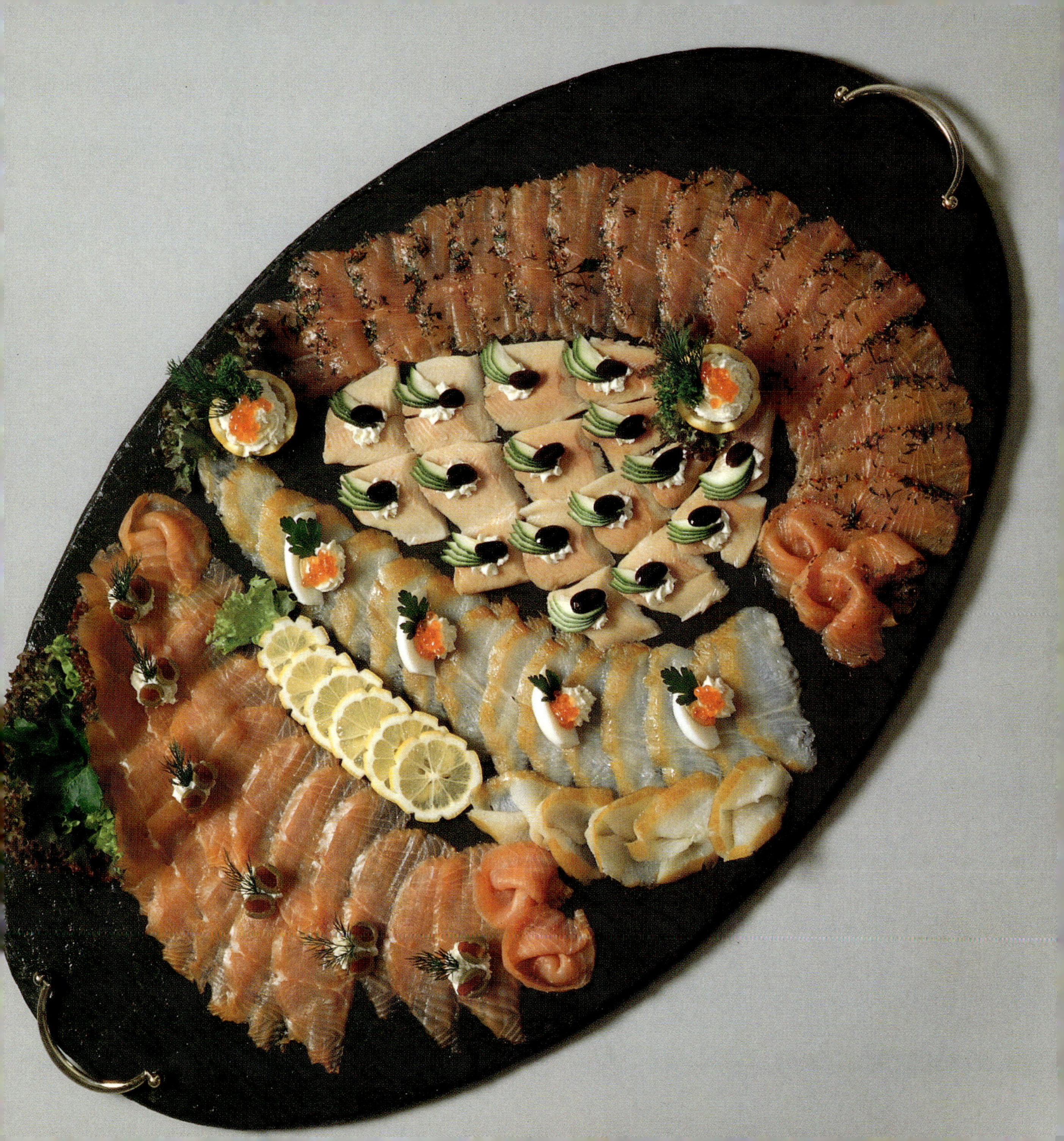

Die beiden Lachssorten und der Heilbutt werden scheibenweise – vom Schwanzende beginnend – aufgeschnitten. Das biegsame Lachsmesser ist dazu das optimale Werkzeug, mit dem sich hauchdünne Scheiben schneiden lassen. Ganz so dünn brauchen die Scheiben für diese Vorspeisenplatte allerdings nicht zu sein, so können die Gäste später den Räucherfisch besser abnehmen.

Beim Belegen der Schieferplatte wird mit jeder Fischsorte eine gebogene Linie gelegt: Eingerahmt vom Graved Lachs und dem geräucherten Lachs kommt das helle Fleisch vom Heilbutt in die Mitte. Die Forellenfilets werden jeweils einmal in der Mitte aufgeschnitten und die Filethälften in mundgerechte Happen zerteilt. Sie werden zwischen dem Graved Lachs und dem Heilbutt plaziert. Zum Abschluß der Fischlinien werden aus den letzten Scheiben der verwendeten Sorten Röschen geformt.

Beim Ausgarnieren geht der Graved Lachs leer aus. Er hat ohnehin durch die beim Beizen verwendeten Kräuter einen dekorativen Rand. Die Forellenfilets bekommen einen Tupfer Sahnemeerrettich, der mit einem Zucchinifächer und einem Olivenviertel verziert wird. Meerrettichtupfer werden in gleichmäßigen Abständen auch beim Räucherlachs gesetzt, dort erhalten sie mit kleinen Scheiben von gefüllten Oliven und einer Dillspitze ihren Schmuck. Aufgefächerte Zitronenscheiben füllen den Platz zwischen Lachs und Heilbutt. Zwei Zitronenkörbchen mit Meerrettichfüllung und aufgestreutem Kaviar werden in die verbleibenden Lücken gesteckt. Kaviarperlen, Sahnemeerrettich und schmale Schnitze von gekochten Eiern bilden das Dekor beim Heilbutt.

Geräucherte Lachsforelle
von Brigitte Purschke

Materialauswahl

geräucherte Lachsforelle

Zum Garnieren

Eier
Eiercreme
Radieschen
Salatgurke
Kaviar
Zitronenmelisse
gefüllte Oliven

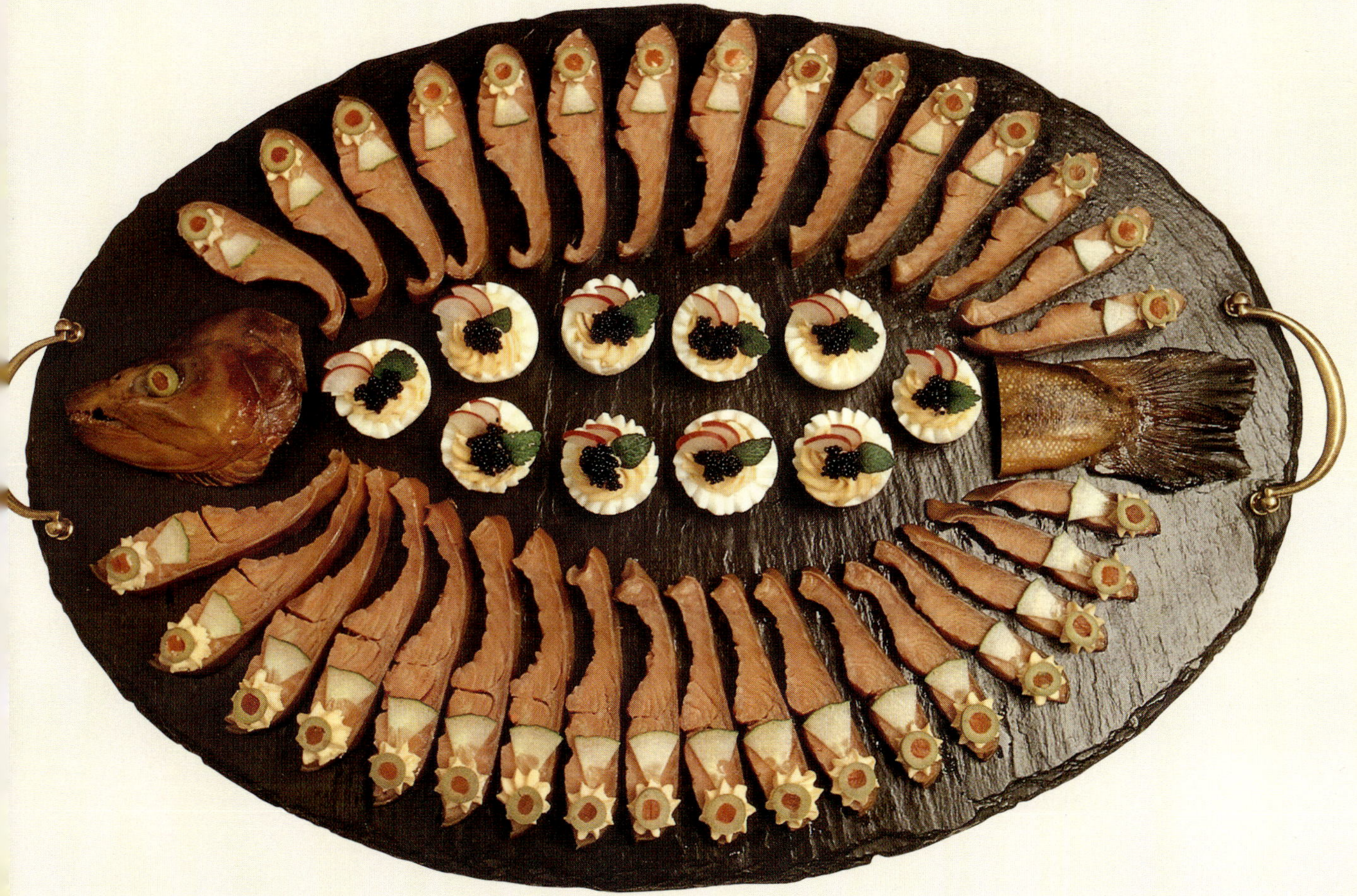

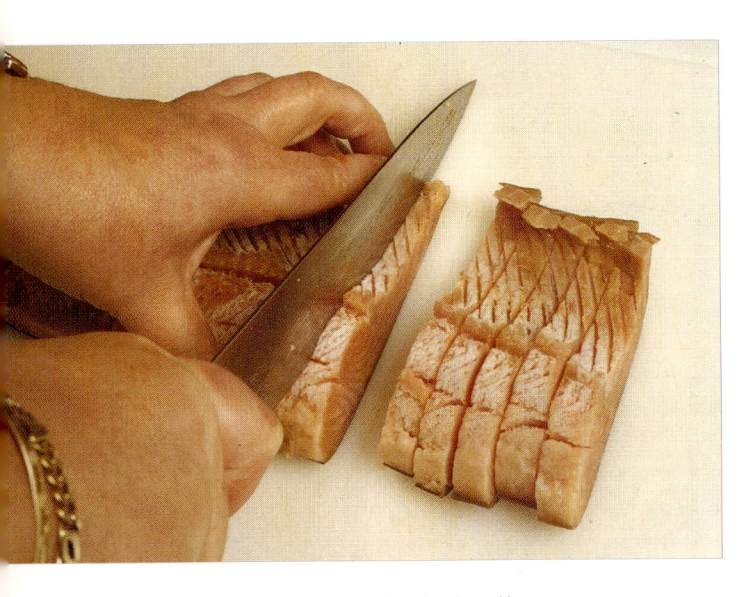

Die geräucherte Lachsforelle wiegt etwa 1 kg. Zunächst wird der Fisch vorsichtig filetiert. Den Kopf und das Schwanzstück beiseite legen, sie kommen später als Dekoration mit auf die Platte, wodurch die Optik eines „Feuerfischs" entsteht. Die beiden Filetstücke werden kurz angefrostet, dabei bleibt die Haut dran. Der so präparierte Fisch wird in gut 1 cm dicke Scheiben geschnitten.

Auf einer ovalen Schieferplatte werden als erstes das Schwanzende und der Kopf entgegengesetzt aufgelegt. Den Kopf am besten halbieren, so ist die Auflage etwas flacher und rutscht auch nicht so leicht. Dann die vorgeschnittenen Scheiben der Plattenrundung entlang auflegen, wodurch sich Rücken und Bauch im eleganten Schwung ganz von allein formen. Dabei die Stücke der Reihe nach auslegen, beginnend mit den größeren Scheiben vom Kopf her, die beim Schwanz mit den kleiner werdenden Scheiben zulaufen.

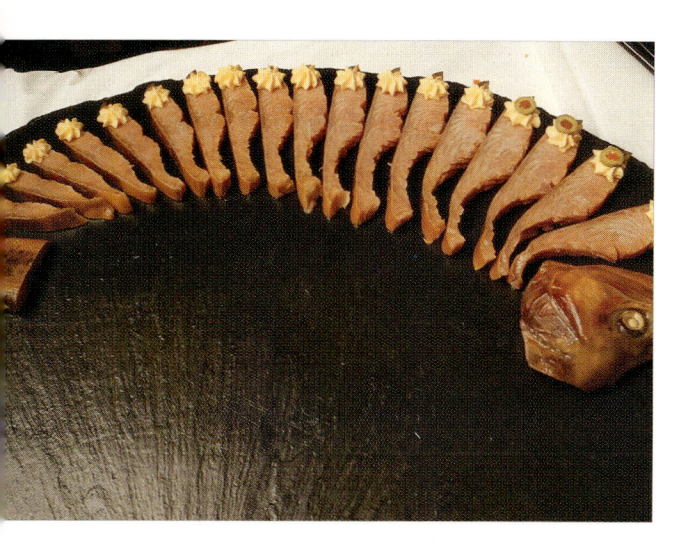

Jetzt wird jede Scheibe zu einem Fisch dekoriert: Wie ein Auge wirkt jeweils der Tupfer aus Eiercreme, auf den eine Scheibe der gefüllten Oliven aufgesetzt wird. Ein Gurkenviertel symbolisiert die Kieme, so daß sich zum Schluß viele kleine Fische zu einem großen „Feuerfisch" zusammenfügen. Für einen „schönen Blick" wird das Fischauge mit einer Olivenscheibe ausgekleidet.

Die Plattenmitte wird mit gefüllten Eierkörbchen besetzt. Dazu hart gekochte Eier mit Zickzack-Schnitten halbieren und das so entstandene Körbchen unten für einen glatten Stand geradeschneiden. Aus dem Eigelb wird eine Eiercreme (vgl. Seite 180) zubereitet, die mit der Spritztülle wieder in die Hälften kommt. Die bunte Dekoration besteht aus einem Radieschenfächer, Kaviar und einem Blatt Zitronenmelisse.

Gemischte Fischplatte
von Sabine und Margit Maulick

Materialauswahl

Graved Lachs
geräucherter Lachs
Forellenfilet
Pfeffermakrele
Scampis
Riesengarnelen
Hummerschwanz
Knoblauchöl

Zum Garnieren

Salatgurke
Tomaten
schwarze Oliven
grüne Oliven
eingelegte Tomaten
Zitronen
Limone
Kopfsalat
Schnittlauch
Petersilie

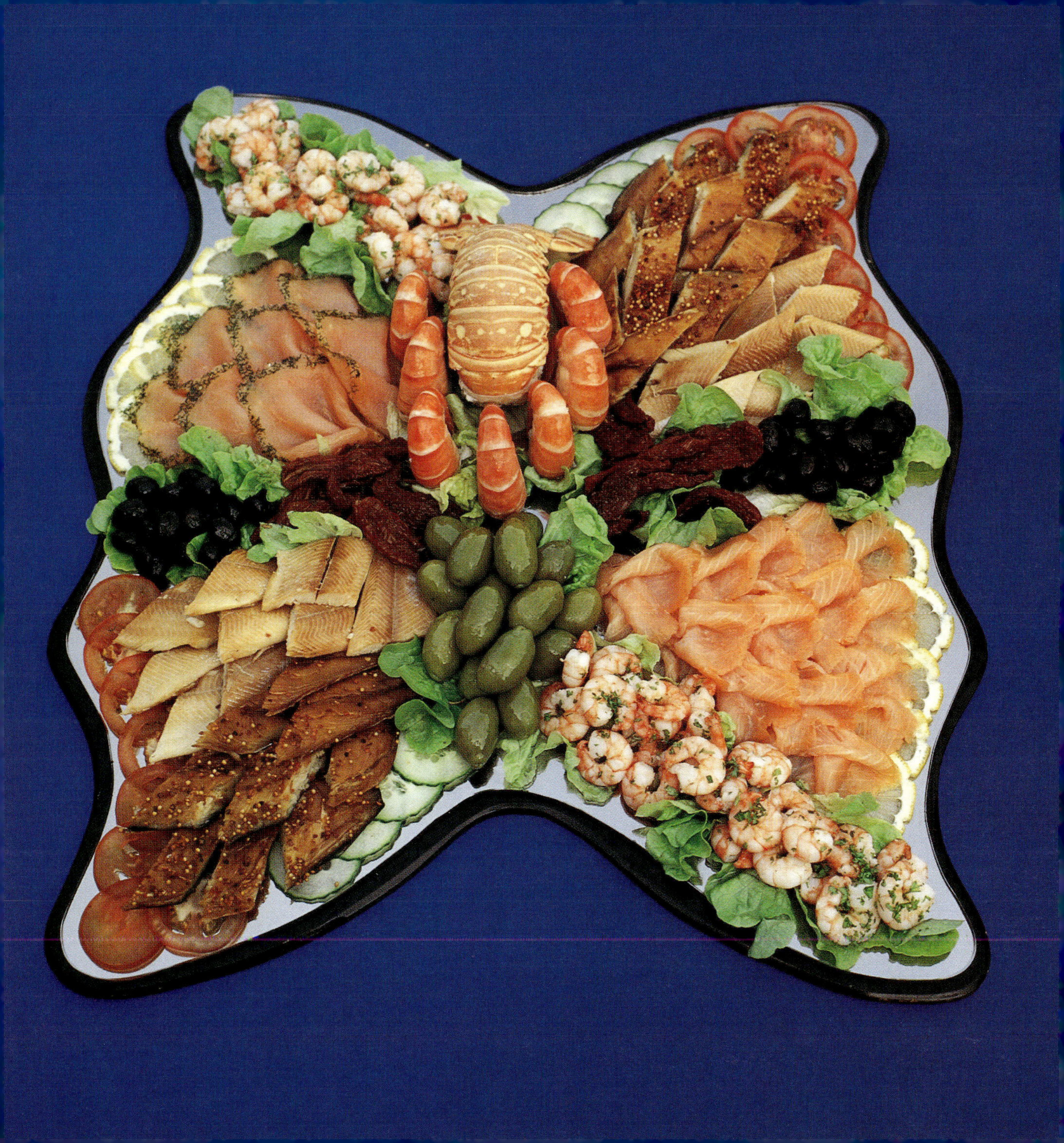

Salatgurke, Tomaten und Zitrone in gleichmäßige Scheiben schneiden. Die Pfeffermakrelen werden in schmale Streifen geschnitten, so daß sich aus einem Filetstück etwa fünf Teile ergeben. Die Forellenfilets werden ebenfalls in mundgerechte Happen portioniert. Zu den vorbereitenden Arbeiten gehört auch das scheibenweise Schneiden der beiden Lachssorten.

Als erstes werden die Scampis mit Olivenöl übergossen, dazu kommt gehackte Petersilie. Alles gut vermischen und dann die so eingelegten Meeresfrüchte zugedeckt ziehen lassen, bis sie für das Belegen der Platte gebraucht werden.

Die Spiegelplatte mit der Form eines Schmetterlings wird mit dem vorgesehenen Material so belegt, daß sich die einzelnen Zutaten (Fisch, Krustentiere, aber auch Gemüse und Zitrusfrüchte) jeweils wie eine schräge Linie quer von einem Ende der Platte zur gegenüberliegenden Spitze ziehen und sich auf diese Weise eine seitenverkehrte Anordnung des Belags ergibt. Der Übergang ist jeweils durch eine Querlinie aus schwarzen Oliven und eingelegten Tomaten getrennt.

Eine Flügelspitze und das gegenüberliegende Flügelende ist für die Kombination Makrele und Forelle reserviert, bei denen Gurken- und Tomatenscheiben die Randbegrenzung bilden. Die Spitzen der schräg geschnittenen Fischhappen zeigen nach außen. Die andere Flügelspitze und das Flügelende gegenüber erhalten die aus Lachs und Scampis bestehende Auflage, wobei eine Seite mit Graved Lachs und Scampis und die andere Seite mit geräuchertem Lachs und Scampis belegt wird. Beim Lachs, dessen Scheiben wie Lachsschinken gefaltet werden, sind Zitronenscheiben am Plattenrand aufgefächert, während die Scampis auf einem Salatbeet aufgeschüttet werden. In die Mitte kommt ebenfalls ein Beet aus Salat. Der Hummerschwanz, umrahmt von sechs Riesengarnelen, bildet das hintere Ende, vorn werden große grüne Oliven aufgesetzt.

Matjesplatte
von Astrid Schmitt

Materialauswahl
eingelegte Matjesfilets

Zum Garnieren
Gurken
Tomaten
Petersilie

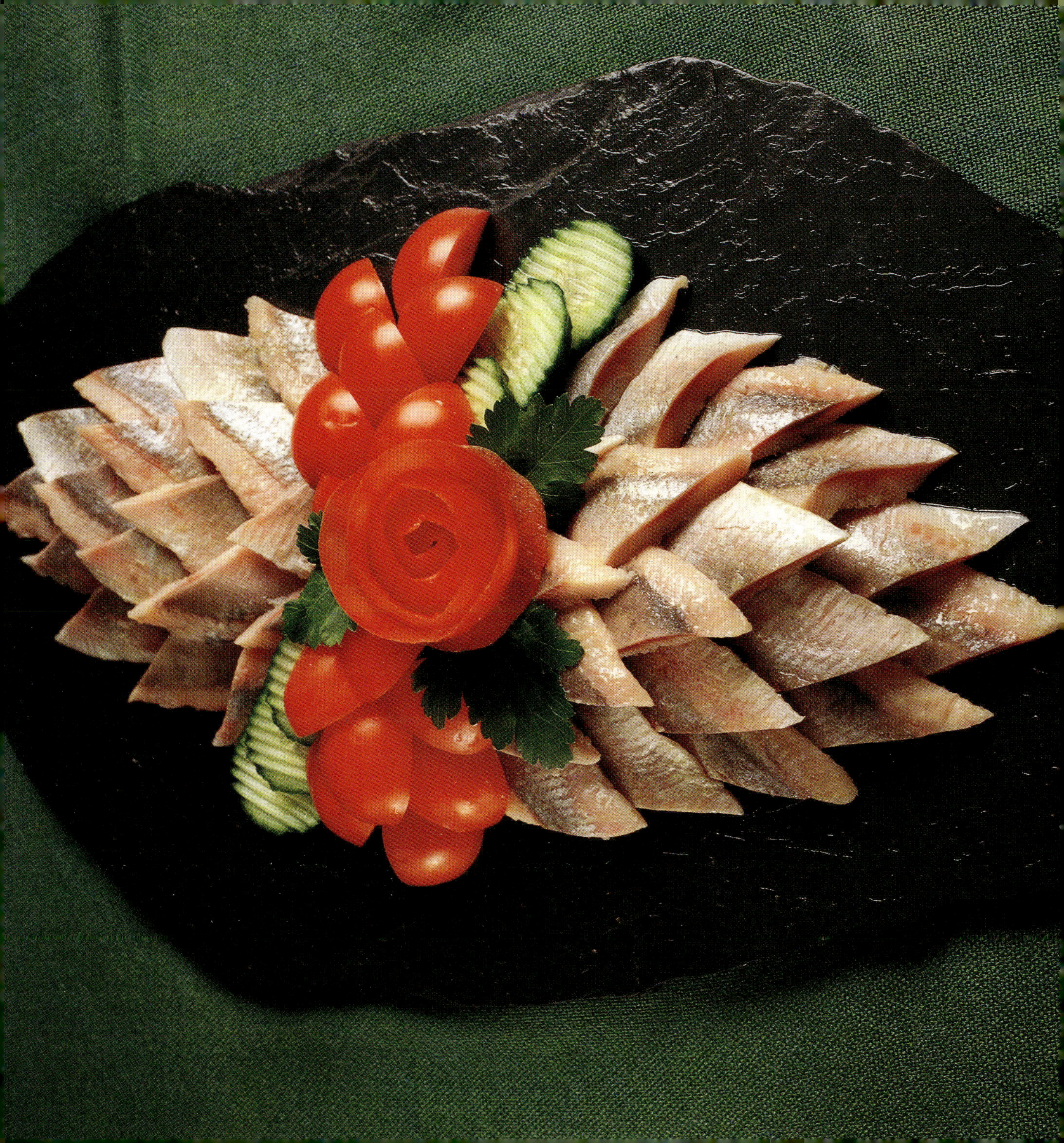

Für diese Platte wurden Bio-Matjesfilets verwendet, die in einer Marinade aus Öl, Kapern und Zwiebeln eingelegt sind. Die Filets auf saugfähigem Küchenpapier auslegen, das die noch anhaftende Marinade aufnimmt; eventuell den Matjes zusätzlich abtupfen. Es ist wichtig, den Fisch gut abtropfen zu lassen, damit er später auf der Platte nicht im Öl „davonschwimmt".

Jedes Matjesfilet wird mit einem Schrägschnitt halbiert. Die so vorbereiteten Stücke werden mit der Schnittkante nach außen drapiert, und zwar von links und rechts zur Mitte hin zulaufend. Dazu immer auf sich zuarbeiten und für das Belegen der anderen Seite die ganze Platte drehen, während die Matjesstücke aufgeschichtet werden. Sie sollen zum Schluß optisch wie die Schuppen eines Fisches wirken.

Die Mitte ist der Dekoration aus Gurken und Tomaten vorbehalten. Dazu werden zur Schmalseite der Platte nach rechts und links fließend Tomatenzöpfe „geflochten". Sie bestehen aus Tomatenvierteln, die mit der Schalenseite nach oben aufgelegt werden. Mit dem Buntmesser geschnittene Gurkenscheiben bilden die Blätter des Gebildes, dessen höchster Punkt aus einer Tomatenrose besteht. Deren Blätter wiederum sind mit Blattpetersilie dargestellt.

Tip Zu der Matjesplatte passen gehackte Zwiebeln und dunkles Brot. Die Platte ist schnell zusammengestellt und eignet sich daher auch für eilige Aufträge, zumal sich die in Öl eingelegten Matjes gut bevorraten lassen und daher immer verfügbar sind.

Fisch-Variationen
von Brigitte Purschke

Materialauswahl
Aal
Lachs
Forelle

Zum Garnieren
Avocado
Salatgurke
Zucchini
Zitronen
schwarze Oliven
Dill
Petersilie
Lollo Bionda

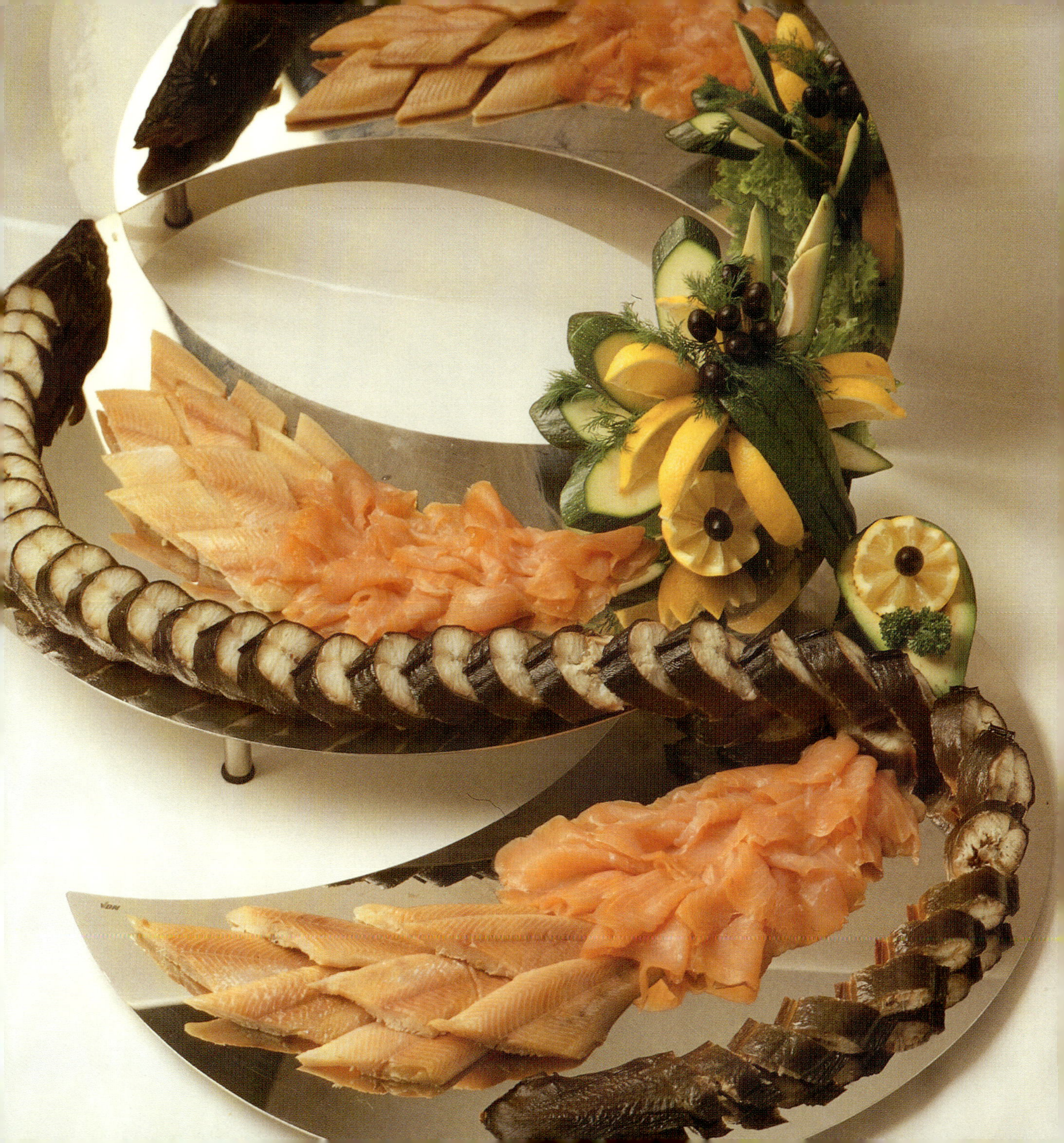

Drei Sorten kommen für diese raffiniert angeordnete Fischplatte zum Einsatz: ein ganzer Aal, Räucherlachs und geräucherte Forellenfilets. Der Aal wird in Tranchen von rund 1,5 cm geschnitten (vgl. Seite 184). Die Forellenfilets werden nur halbiert, und beim Lachs ist die Ware bereits vorgeschnitten.

Zwei versetzt angeordnete Halbmond-Platten bilden die Unterlage, auf der sich der Aal entlangschlängelt. Zuerst den Kopf aufsetzen. Anschließend die Scheiben fächerförmig aneinanderreihen. Damit der Aal beim Übergang von der einen Platte zur anderen die Kurve kriegt, werden Holzspeiler zu Hilfe genommen, mit denen die überlappenden Scheiben befestigt werden. Ebenfalls auf zwei Etagen sitzt die Garnitur.

Die beiden verbliebenen Freiflächen füllen Forellenfilets und Lachs aus. Dazu werden die schräg halbierten Forellenstücke mit der Spitze nach außen angeordnet. Die zweifach gefalteten Lachsscheiben bilden jeweils den Abschluß.

Tip Damit dieses filigrane Arrangement den Transport zum Kunden unbeschadet übersteht, ist es am besten, die Aaltranchen für den Übergang von Platte zu Platte nur provisorisch zu drapieren, um den fließenden Verlauf sicherzustellen. Erst vor Ort kommen die Stücke auf ihren endgültigen Platz. Auch für die Blüte empfiehlt sich die separate Beförderung.

Der Fisch selbst wirkt für sich. Farbe bringt das grün-gelbe Arrangement aus Avocado, Salatgurke und Zucchini. Dafür werden auf einem etwa 6 cm hohen Gurkensockel Zucchinischeiben, Avocadostreifen und Zitronenspalten mit Holzspeilern zu einer Blüte zusammengesteckt. Den Blütenstempel markieren die schwarz glänzenden Oliven. Eine weitere Zitrone wird in zwei Körbchenhälften aufgeschnitten; eines davon bildet den Mittelpunkt der Avocadohälfte auf der unteren Etage, während die andere vor den Gurkensockel gesetzt wird, der seitlich durch ein gefaltetes Blatt von grünem Lollo ein wenig Stütze erhält.

Pochierter Lachs
von Karlheinz Geibel

Materialauswahl

schottischer Wildlachs
Weißwein
Zitrone
Salz
Pfeffer

Zum Garnieren

Shrimps
Eiercreme
gefüllte Oliven
Dill
Petersilie

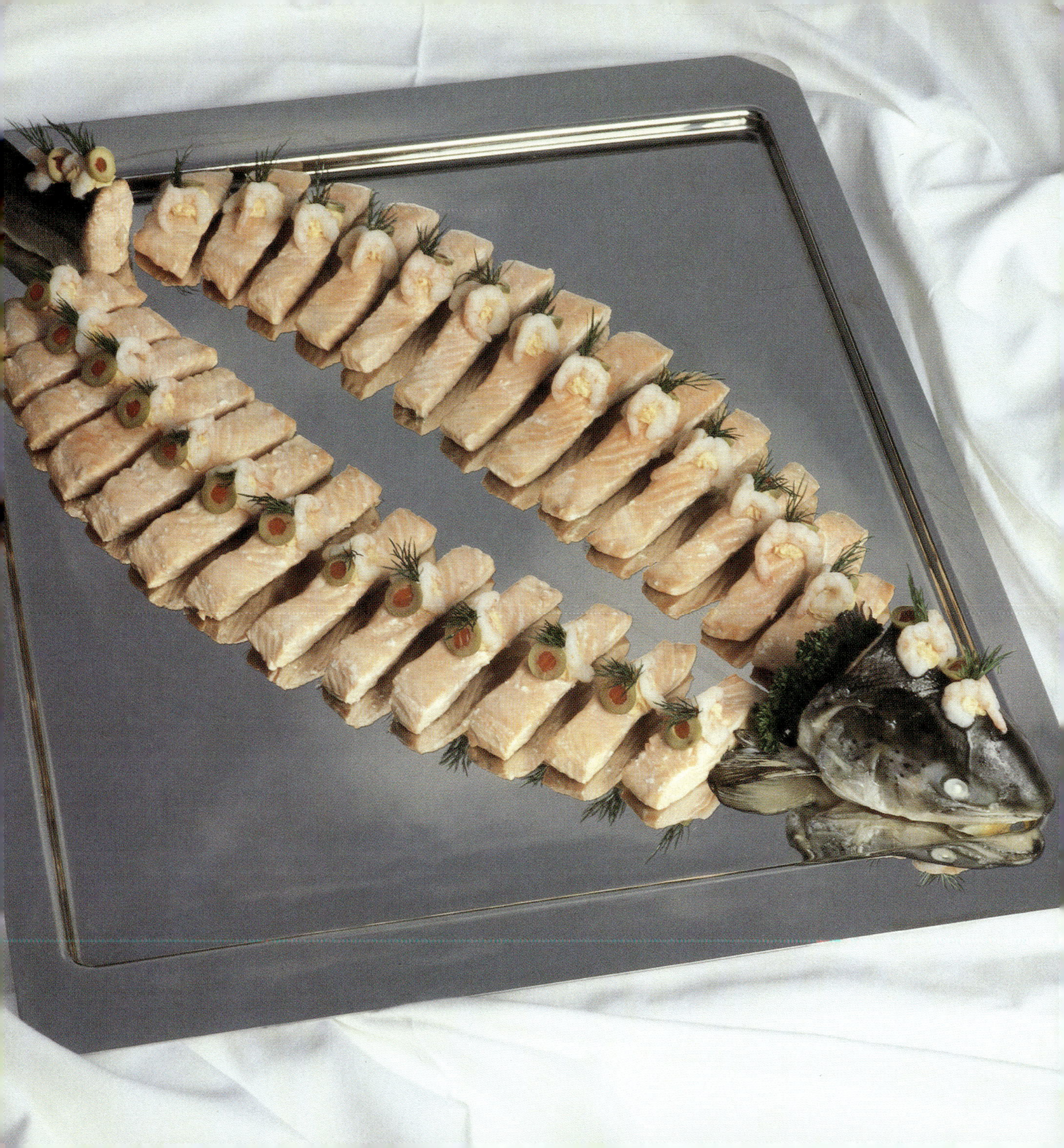

Der Lachs wird filiert (vgl. Seite 182). Die beiden Filets in 3–4 cm dicke Scheiben portionieren und zusammen mit Schwanz und Kopf zum Pochieren bereitstellen. Bei jeder Herstellungsstufe ist darauf zu achten, daß die Stücke in der Reihenfolge wie gewachsen bleiben. Das gewährleistet beim Zusammenstellen auf der Platte die gleichmäßige, harmonische Optik.

Weißwein mit derselben Menge Salzwasser erhitzen. In den mit Pfeffer und Zitrone abgeschmeckten Sud werden die Lachsstücke behutsam eingesetzt. Das Ganze nur ziehen lassen, nicht kochen, sonst trocknet das Lachsfleisch zu sehr aus. Während des Garens den Lachs nach Bedarf mit dem Sud übergießen. Nach etwas 7 bis 8 Minuten hat das Fleisch die typische blaßrosa Färbung und kann aus dem Sud genommen werden, in dem zum Schluß noch Schwanz und Kopf gegart werden.

Die Stücke zum Ausgarnieren auf ein Gitter setzen. Alle Schnitten bekommen in der Mitte einen Tupfen Eiercreme (Rezept Seite 180), der als Halterung für die Shrimps dient.

Tip Zum pochierten Lachs paßt eine Grüne Sauce oder eine Vinaigrette. Meist finden selbst auf einer großen Platte nicht alle Stücke Platz. Die restlichen Schnitten können als Portionsgericht über die Theke verkauft werden.

Die Shrimps werden am dickeren Teil bis zur Hälfte aufgeschnitten, auseinandergeklappt und leicht in die Eiercreme gedrückt. Zwischen die gespreizten Enden kommt eine Olivenscheibe und ein winziger Dillzweig. Beim Belegen der Platte zunächst Kopf und Schwanz diagonal aufsetzen, ehe dazwischen die Schnitten angeordnet werden. Zum Schluß dem Kopf eine Art Halskrause aus Petersilie anlegen, so sieht die Schnittstelle appetitlicher aus. Auch Kopf und Schwanz erhalten noch eine Garnitur aus Eiercreme, Shrimps und Oliven.

Carpaccio von Lachs und Heilbutt

von Pia Hillen

Materialauswahl

geräucherter Lachs
Graved Heilbutt
marinierte Krabben

Für die Sauce

Boullion
Sahne
Zitronensaft
Calvados
Pfeffer
Salz
Zucker

Zum Garnieren

Butterrosen
frische Himbeeren
Salatgurke
Basilikum
Minzeblätter

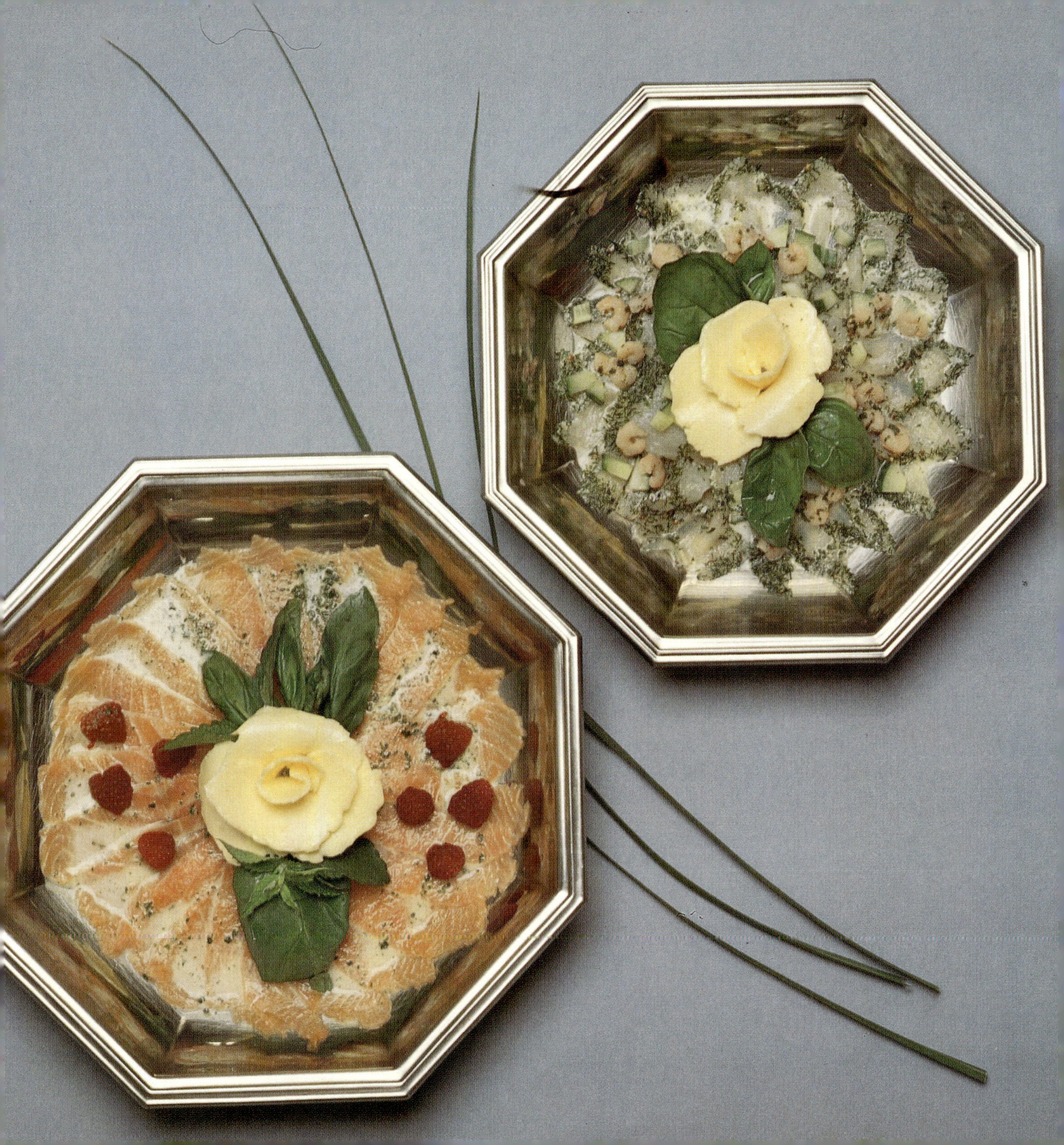

Von einer Lachsseite werden dicke Stücke abgeschnitten und leicht angefrostet, dann lassen sich davon superdünne Scheiben für das Carpaccio schneiden. Die Salatgurke wird mit Schale in kleine Würfel geschnitten.

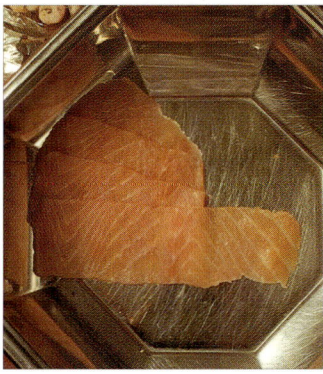

Für das Dressing werden Boullion, Sahne, Zitronensaft und Calvados mit Pfeffer, Salz und Zucker abgeschmeckt und mit einem Schneebesen zu einer dünnflüssigen Sauce aufgeschäumt. Noch ein paar Kräuterblätter schneiden und dazugeben und alles über die beiden Platten gießen. Das Lachs-Carpaccio wird nur mit einigen Himbeeren bestreut, während auf dem Heilbutt-Carpaccio ein paar Krabben und die Gurkenwürfel locker verteilt werden.

ie angefrosteten Lachsscheiben aben eine längliche Form und assen sich so der achteckigen orm der Cromarganplatte beim uslegen hervorragend an. Nicht anz so dünn kann der Heilbutt geschnitten werden, bei dem die geäuterte Randfläche beim Legen s Spitze wirkt. Reihum von auen nach innen legen, wobei die latte immer so weiter gedreht ird, daß man auf sich zu arbeiten ann. Den Mittelpunkt einer jeden latte markiert eine Butterrose, nter die Basilikum- und beim achs noch zusätzlich Minzeblätter esteckt werden.

Gemischte Fischplatte
von Brigitte Purschke

Materialauswahl

Räucherlachs
geräucherte Forellenfilets
Räucheraal
Garnelenschwänze

Zum Garnieren

Lollo Bionda
Eiercreme

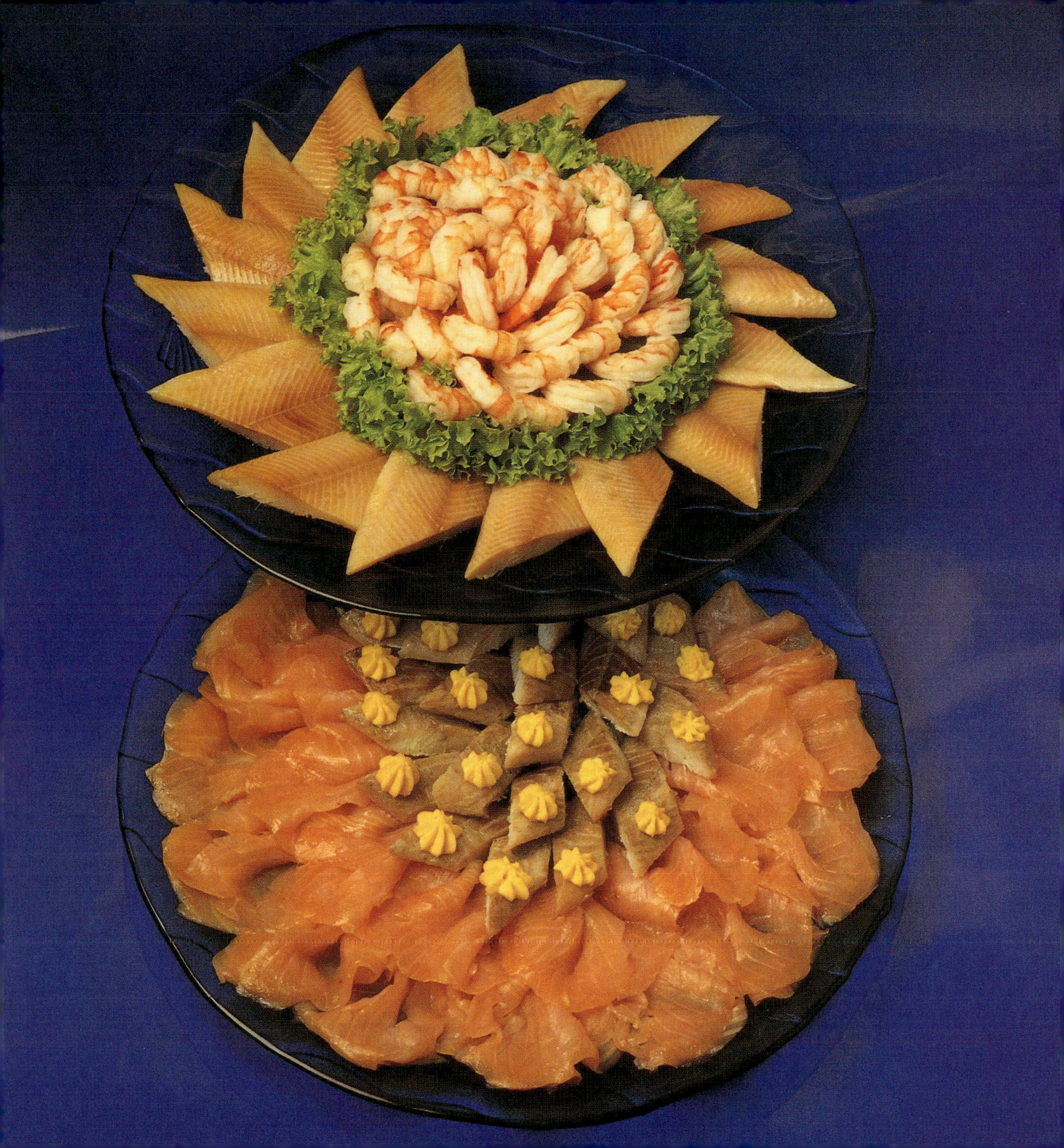

Auf einem Büffet bilden die beiden blauen Glasplatten eine Einheit. Weil die obere Platte auf einem (unsichtbaren) Sockel steht, braucht die untere Platte nicht vollständig belegt werden, zumal sich der Fisch im hinteren Bereich nicht so einfach abnehmen ließe. Zunächst wird auf der unteren Platte der Lachs aufgefächert. Dazu die Lachsscheiben zweimal falten und am Rand entlang in einem nicht ganz geschlossenen Bogen legen. Auf die gleiche Weise wird die zweite Lachsreihe angefertigt.

Mit den schräg geschnittenen Aalstücken wird die Mitte ausgefüllt. Jedes Stück erhält zur Zierde lediglich einen Tupfer Eiercreme (Rezept Seite 180).

Die Forellenfilets spitz halbieren (den Schnitt immer in derselben Richtung ausführen) und mit den Spitzen nach außen die Platte belegen, wobei man den Teller immer auf sich zudrehen sollte. Die Enden dürfen in der Plattenmitte ruhig ungleichmäßig zulaufen, da sie durch den Garnelenaufbau verdeckt werden.

Mit dem hellen Lollo wird ein Salatbeet geschaffen, in dem die Garnelenschwänze aufgeschichtet werden. Auch hier von außen nach innen arbeiten. Die Schwanzenden weisen zur Mitte. Die nächsten Reihen werden jeweils ein wenig zurückversetzt aufgelegt, wodurch sich eine Art Kuppel ergibt.

Lachs im Gemüsebeet
von Astrid Schmitt

Materialauswahl

frischer Lachs
Sellerie
Karotten
Lauch
Zitronen
Crème fraîche
Blattpetersilie
Salz und Pfeffer
Weißwein
Worcestersauce

Tip Der so vorbereitete Lachs eignet sich auch hervorragend für den Ladenverkauf. Hier kann er auf Gemüse in einer Aluschale mit einer Portionsgröße entweder für eine Person oder für zwei Personen angerichtet werden und in der Feinkosttheke den Kunden Appetit machen.

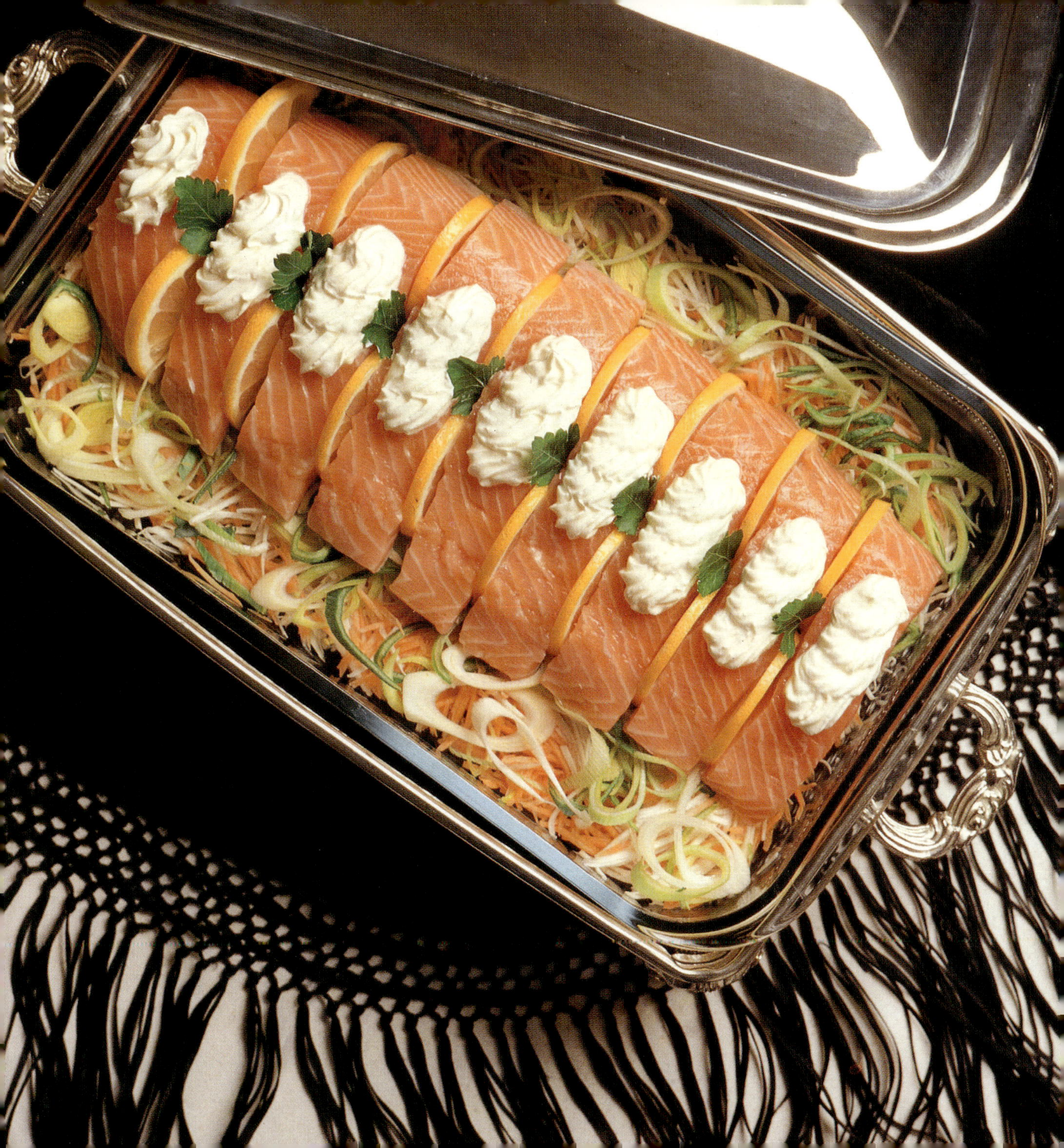

Es sollten nur Zitronen mit unbehandelter Schale verwendet werden. Diese in Scheiben schneiden und halbieren, dabei die Endstücke zum Auspressen verwenden. Lauch in feine Streifen oder Ringe schneiden, Sellerie und Karotten fein raspeln oder hobeln.

Den frischen Lachs portionieren: Vom Kopfende beginnend werden etwa 2,5 cm dicke Streifen von einer Lachsseite abgeschnitten. Um gleichmäßige Teile zu erzielen, wird bei Bedarf das Stück am Schwanzende erheblich breiter gelassen und längs halbiert, damit es in etwa das gleiche Format hat wie die übrigen Portionen.

Das Gemüse in eine Auflaufform geben, etwas salzen und ein wenig Worcestersauce hinzufügen. Wer auf Farbkontraste Wert legt, kann das Gemüsebeet zunächst mit Sellerie und Karotten auslegen und darauf den Lauch locker aufstreuen. Ansonsten das Gemüse bunt mischen und die Form damit auslegen. Obenauf kommen die Lachsstücke, die mit jeweils einem geringen Abstand nebeneinander gesetzt werden.

Der Lachs wird entweder beim Zuschneiden oder spätestens in der Form mit Salz und Pfeffer abgewürzt und mit Zitronensaft beträufelt. Anstelle von Salz und Pfeffer eignet sich auch ein Fischgewürz. In die Zwischenräume beim Fisch jeweils zwei halbe Zitronenscheiben einstecken, deren Schalenrand ein klein wenig herauslugen darf. Auf jede Lachsportion wird mit dem Spritzbeutel ein länglicher Tupfer Crème fraîche aufgespritzt, der als Farbtupfer ein Blättchen Petersilie erhält. Bevor der Lachs im Gemüsebeet zum Garen bei etwa 200 °C für rund 15 Minuten in den Ofen kommt, wird noch der Weißwein großzügig über das Gemüse gegossen.

Lachsmedaillons auf Gemüsejulienne

von Sabine und Margit Maulick

Materialauswahl

frischer Lachs
Lauch
Zucchini
Karotten
Kohlrabi
Zwiebeln
Butter
Schwarzer Pfeffer
Knoblauchpulver
Kräuter der Provence

Zum Garnieren

Schalotten

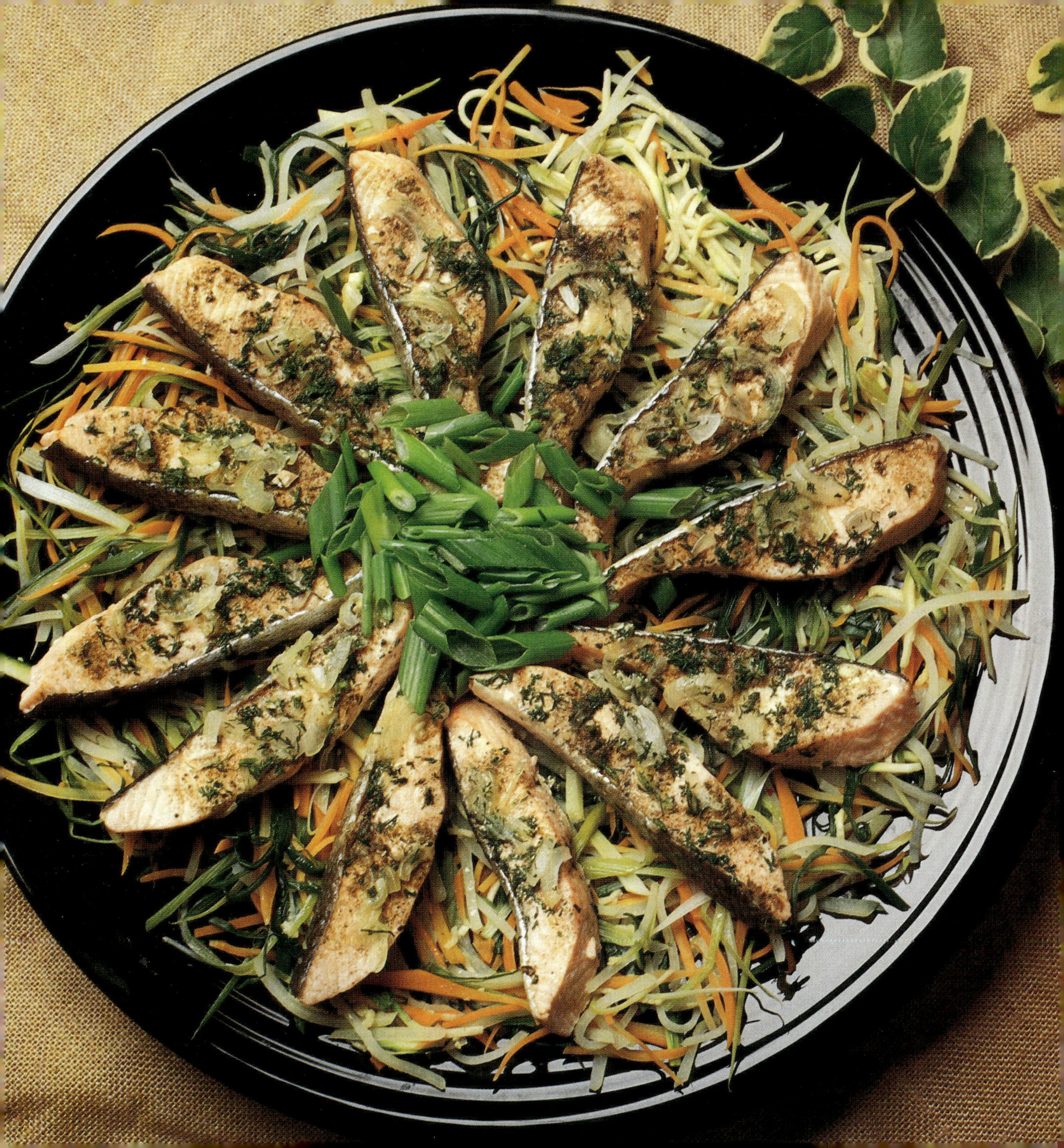

Der Lachs wird vor dem Portionieren leicht angefroren, dann läßt er sich besser schneiden. Von der Lachsseite ungefähr 2 cm dicke Streifen abschneiden und dabei die Haut dranlassen. Diese läßt sich nach dem Garen leicht abziehen, worauf bei dieser Platte jedoch verzichtet wird.

Die Lachsschnitten werden auf ein mit Alufolie ausgekleidetes Backblech gelegt, wobei jedes Stück ein paar Butterflocken aufgesetzt bekommt. Dann wird alles mit der Gewürzmischung aus Pfeffer, Knoblauchpulver und Provence-Kräutern bestreut, anschließend die grob gehackten Zwiebeln und der zerkleinerte Dill darübergegeben. Den so vorbereiteten Lachs im Kombidämpfer unter Dampf etwa 10 Minuten garen.

Mit dem Gemüse wird eine großformatige runde Platte ausgelegt, so daß die Gesamtfläche mit der bunten Mischung bedeckt ist. Obenauf kommen die Lachsschnitten, die in gleichmäßigen Abständen sternförmig aufgelegt werden. Der Mittelpunkt wird lediglich mit den gehackten Schalotten garniert.

In der Zwischenzeit das in feine Streifen geschnittene Gemüse zu einer bunten Mischung aufschütten. Das Gemüse wird entweder in kochendem Wasser blanchiert oder kurz (5 Minuten reichen bereits) in den Kombidämpfer geschoben.

Tip Die Lachsmedaillons auf Gemüsejulienne dürfen lauwarm bis kalt auf dem Büffet serviert werden. Deshalb braucht die Platte nach ihrer Fertigstellung nicht unbedingt ins Kühlhaus. Sie kann sogar erst kurz vor der Auslieferung frisch zubereitet und in der Warmhaltebox ausgeliefert werden.

Pochierter Lachs mit Zuckerschoten
von Holtmann's

Materialauswahl

frischer Lachs
Lauch
Sellerie
Zwiebeln
Weißwein
Fischfond
Butter

Für die Champignon-Nudeln

Bandnudeln
Champignons
Schalotten
Olivenöl
Fischfond
Sahne
Parmigiano Reggiano
Limonensaft
Salz
Pfeffer

Zum Garnieren

Schnittlauch
Zuckerschoten

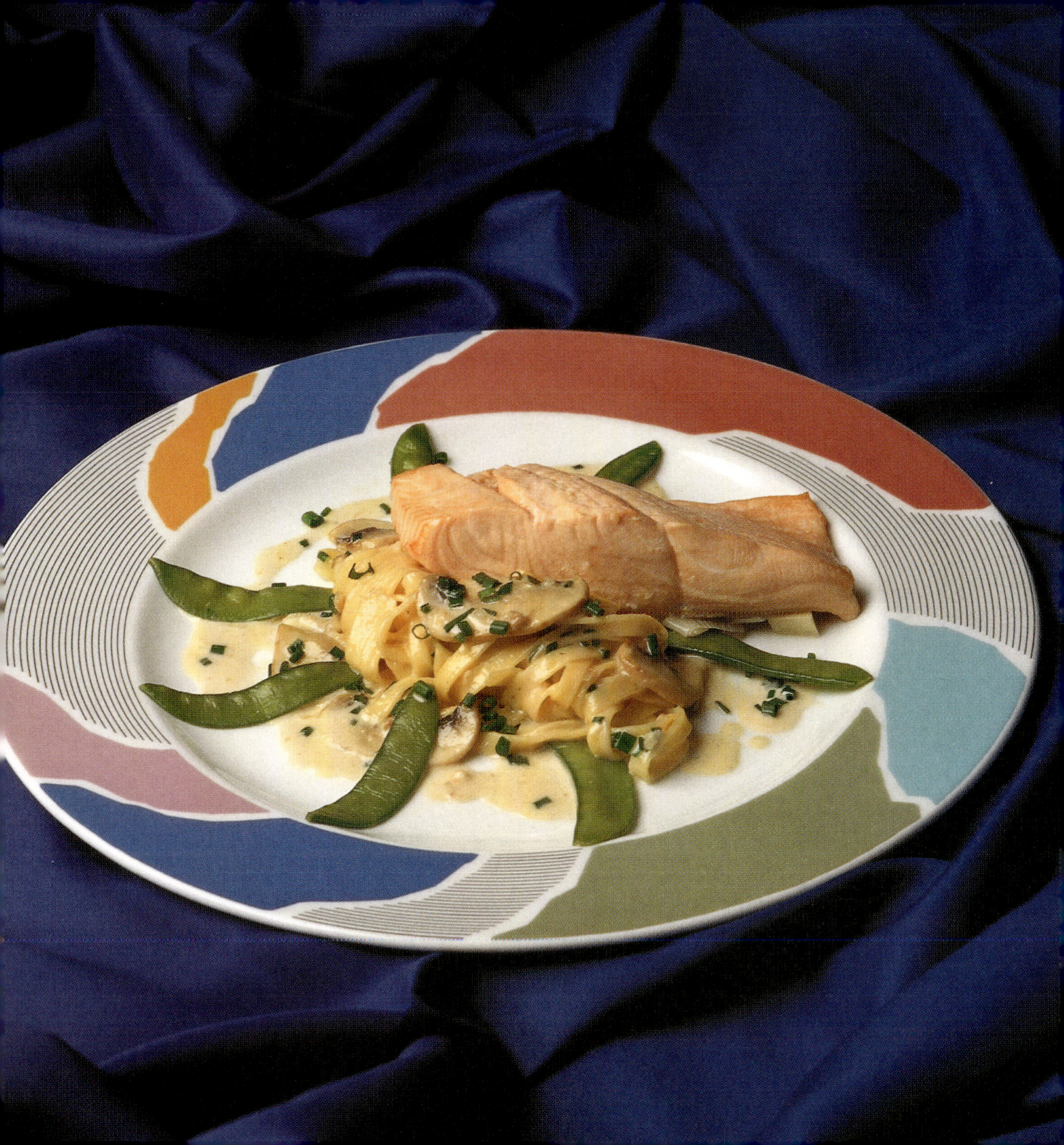

Die Lachsseite wird in knapp
5 cm große Portionsstücke zerteilt.

Zwiebel und Sellerie in kleine
Stücke schneiden, derweil Butter
im Topf zerlassen und das Gemüse
darin anschwitzen. Dann mit
Weißwein und Fischfond ablöschen, salzen und einmal kräftig
aufkochen.

Nun kommt der Fisch zum Pochieren in den Topf. Er sollte möglichst auf die Gemüseeinlage gebettet sein, damit er nicht am Kochgeschirr kleben bleibt. Dann den Deckel auflegen und mit der Hitze heruntergehen, so daß der Fisch bei einer Garzeit von rund 10 Minuten nur noch garzieht. Den Lachs herausnehmen, warm stellen und den Fond passieren. Er wird für die Nudeln benötigt.

Während der Nudelzubereitung können die Zuckerschoten schon im Salzwasserbad gegart werden. Die Nudeln abkochen. Champignons und Schalotten kleinschneiden und in Olivenöl andünsten, dabei salzen und pfeffern. Mit Fischfond aufgießen. Dann den Parmigiano reiben und aufstreuen. Schließlich noch etwas Sahne zugießen und umrühren. Mit Limonensaft abschmecken, eventuell nachwürzen. Die Nudeln über eine Fleischgabel aufrollen. Diese Nudelrolle in der Mitte eines Tellers anrichten, auf dem die zuvor aufgelegten Zuckerschoten einen Strahlenkranz bilden. Zum Schluß die Lachsschnitte auflegen und alles mit Schnittlauchröllchen bestreuen.

Lachscarpaccio
von Sabine und Margit Maulick

Materialauswahl

geräucherter Lachs
Auberginen
Paprika (rot, grün und gelb)
Fenchel
Karotten
Zucchini
Sellerie
Butter
Schweizer Gewürzmischung
(bestehend aus Schwarzem Pfeffer,
Knoblauchpulver, Kräuter
der Provence)
Spinat

Zum Garnieren

Dill

Tip Am besten schmeckt das Lachscarpaccio, wenn es serviert wird, solange das Gemüse noch lauwarm ist. Zudem ist diese Fischkomposition hervorragend zur Abschnitt-Verwertung geeignet, denn für den hauchfein aufgeschnittenen Lachs lassen sich auch unterschiedlich große Scheiben noch verwenden, die dafür in mundgerechte Häppchen portioniert werden.

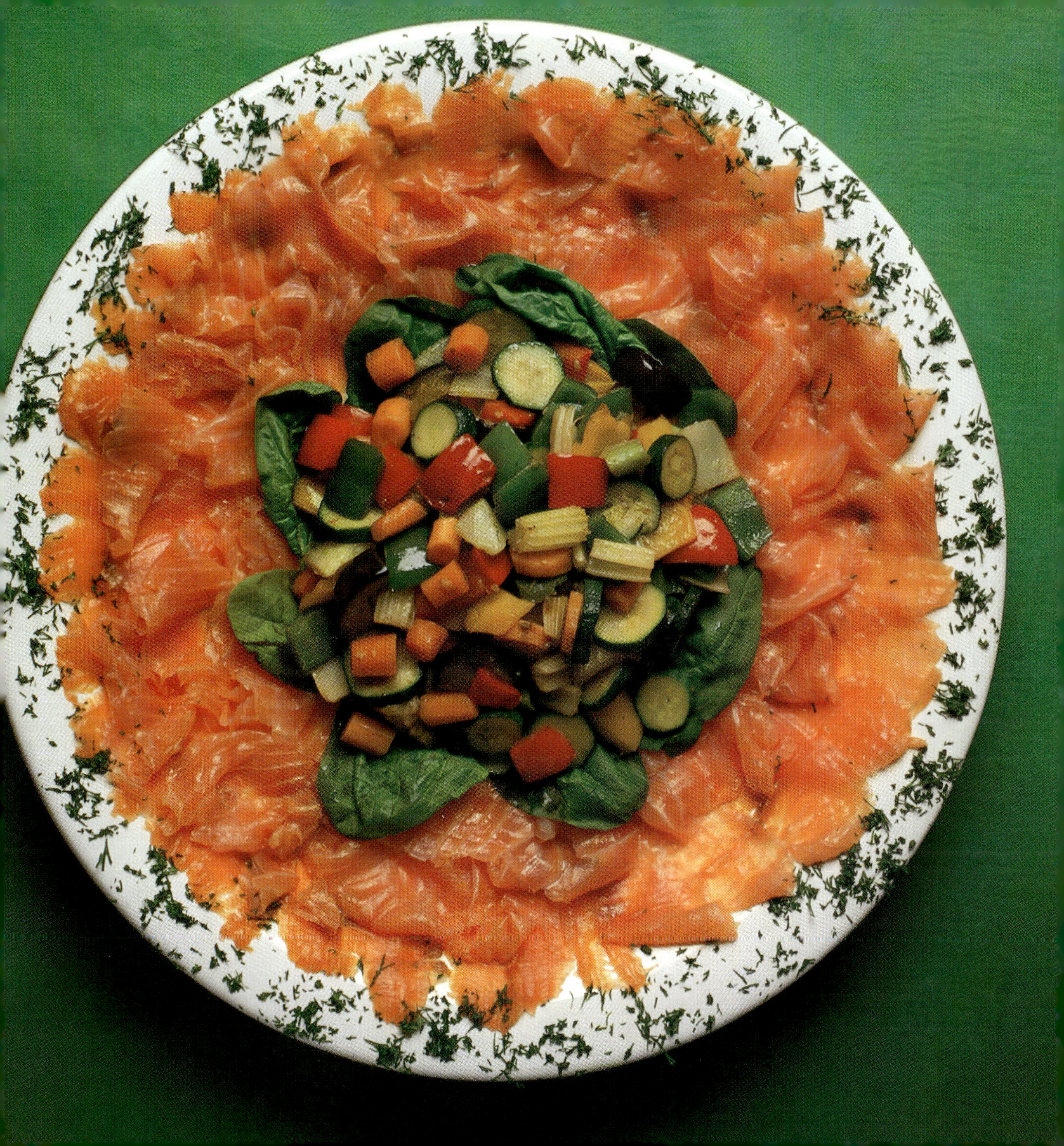

Das Gemüse wird nur grob gewürfelt, denn später beim Anbraten in Butter schrumpfen die Stücke ohnehin etwas. Außerdem rutschen größere Würfel beim Transport der Platte nicht so schnell zusammen.

Von der Lachsseite werden mit einem Lachsmesser hauchfeine Scheiben abgeschnitten, die vom Rand weg rundherum auf einer Platte ausgelegt werden. Das setzt umsichtiges Arbeiten voraus, doch ist der höhere Aufwand bei dieser Platte gerechtfertigt, weil Carpaccio ein edles Gericht ist.

Mit den dünnen Lachsscheiben werden je nach Plattengröße mehrere Reihen angeordnet, wobei darauf zu achten ist, daß der Fisch so locker aufgeschichtet wurde, daß für den Gast eine leichte Abnehmbarkeit gewährleistet ist und nicht gleich das Gesamtbild zerstört werden kann.

Das grob gewürfelte Gemüse wird mit der Schweizer Gewürzmischung abgeschmeckt und in einer Pfanne in ausgelassener Butter kurz gedünstet, ehe es auf der Plattenmitte auf einem mit Spinatblättern ausgelegten grünen Beet aufgehäufelt wird. Der helle Rand der Platte wird mit feingeschnittenem Dill dekorativ abgestreut.

Lachs im Lasagneblatt

von Astrid Schmitt

Materialauswahl

Lachs
Grüner Spargel
Karotten
Frühlingszwiebeln
Zitronensaft
Weißer Pfeffer
Lasagneteigblätter
Mozzarella
Butter
Crème fraîche
Dijonsenf
Dill
Weißwein

Tip Das Ganze kann auch als warme Vorspeise gereicht werden. Dann fallen die Portionen etwas kleiner aus.

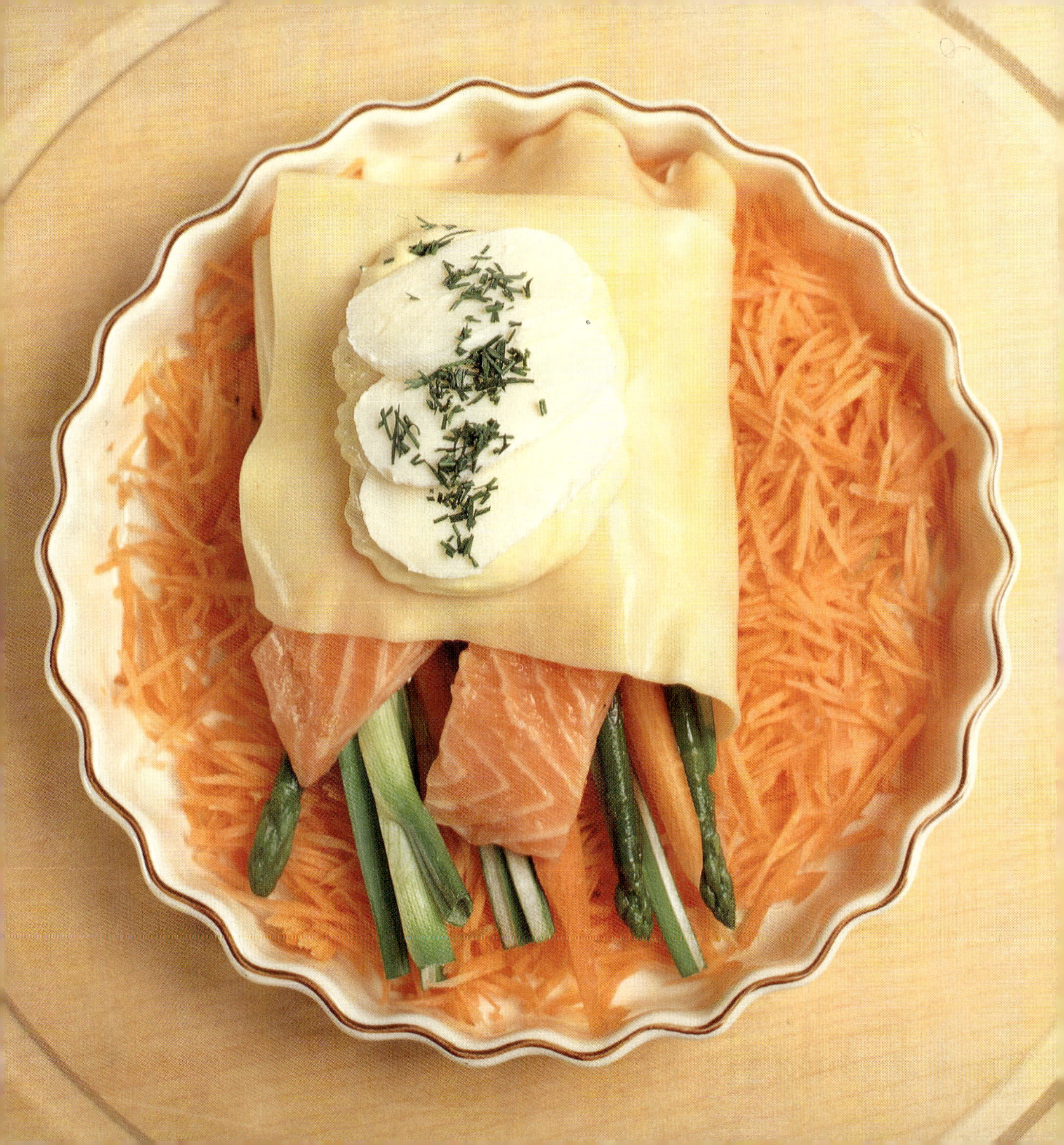

Mit der geraspelten Möhre in der feuerfesten, ausgebutterten Form eine Unterlage schaffen. Das Gemüse zuvor entweder in Salzwasser blanchieren oder kurz in Butter andünsten. Grüne Spargelstangen, Frühlingszwiebeln und die längs geteilte Möhre werden in ein rechteckiges Teigblatt gelegt.

Der Lachs wird in 2 bis 3 cm dicke Scheiben tranchiert, mit Zitronensaft beträufelt und mit Salz und Pfeffer gewürzt, ehe er auf das Gemüse im Teigblatt kommt. Einen Löffel Crème fraîche auf die Füllung geben.

Das Ganze wird mit der überstehenden Hälfte des Lasagneteigs bedeckt und mit Crème fraîche abgespritzt. Die Crème fraîche wurde zuvor mit ein wenig Dijonsenf verfeinert.

Zum Schluß einige Mozzarellascheiben auflegen und mit geschnittenem Dill abstreuen. Etwas Weißwein angießen und im Ofen rund 10 Minuten bei mittlerer Hitze garen. Falls nötig, noch kurz übergrillen. In der Form servieren.

Seezungenfilet in Blätterteig

von Sabine und Margit Maulick

Materialauswahl

Seezungenfilet
frische Champignons
Tomaten
frische Kräuter (Dill, Estragon)
Blätterteig
Eier
Butter
Mehl

Für die Velouté

Butter
Frühlingszwiebeln
Mehl
Fischfond
Crème fraîche oder Sahne
Salz, Pfeffer
Ketchup
Weißwein

Tip Dieses raffiniert und aufwendig zubereitete Fischfilet unter der Blätterteigkruste eignet sich nicht nur für ein Büffet, sondern ebenso für den Ladenverkauf. Zum Wochenende, besonders aber zu Festtagen wie Weihnachten und Ostern, den Fisch wie beschrieben zubereiten und entweder ebenfalls in Keramikformen anbieten, die dann mitverkauft werden, oder in Portionsschalen aus Alu herrichten.

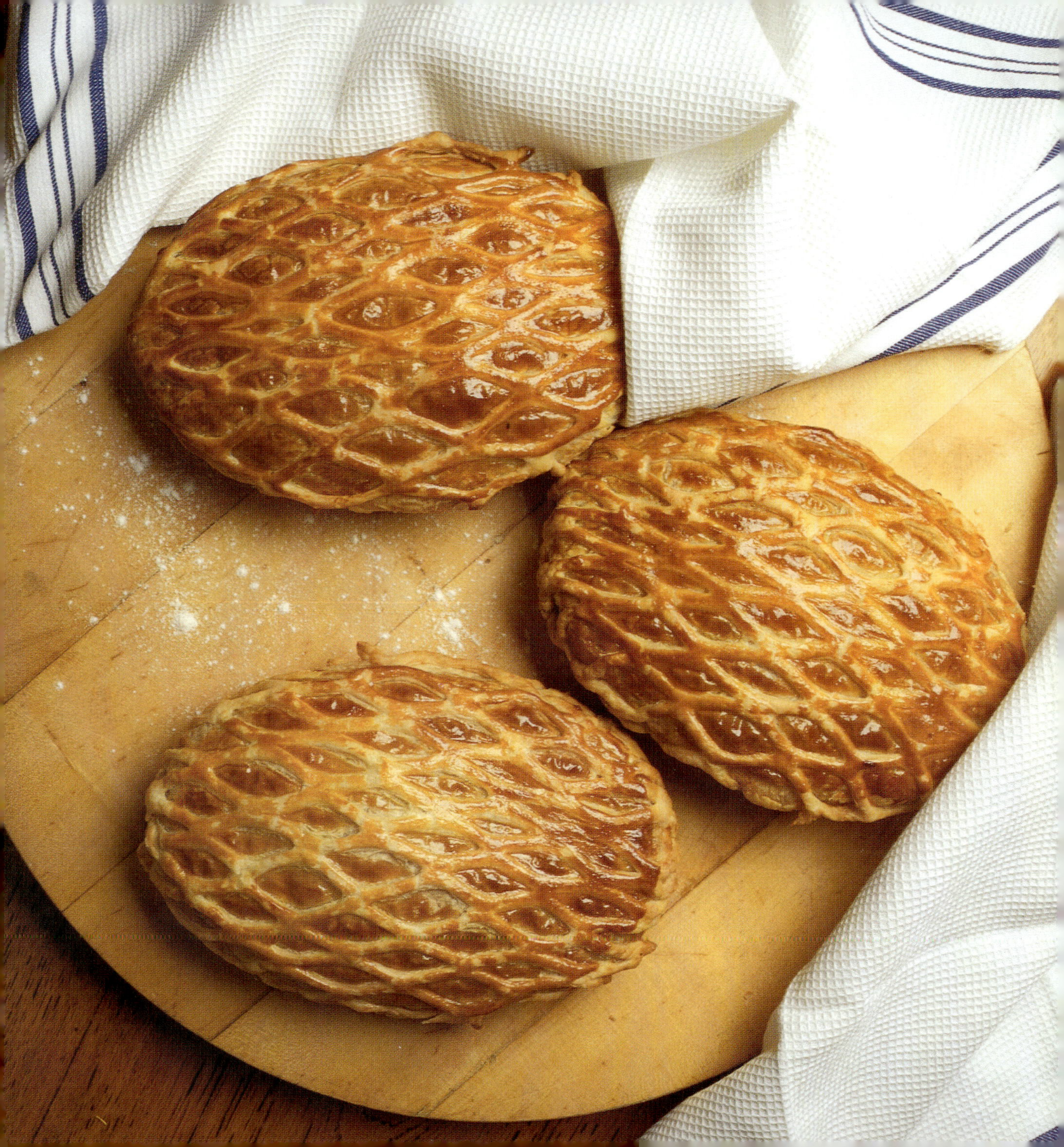

Das Seezungenfilet unter der Blätterteigkruste wird im Schichtverfahren zubereitet. Zunächst wird das Filet in 1,5 bis 2 cm breite Streifen geschnitten. Als Alternative zur Seezunge bieten sich auch Rotbarsch- oder Schollenfilets an. Die Champignonköpfe ebenfalls in Streifen schneiden. Dann die Tomaten brühen, enthäuten, entkernen und das feste Fleisch würfeln. Die Kräuter kleinhacken.

Die ovalen Auflaufformen müssen gut gebuttert sein, damit der Fisch nach dem Garen nicht anhängt. Die Fischstreifen werden locker in die Schale geschichtet und mit den kleingehackten Kräutern abgestreut.

Die nächste Schicht besteht aus den Champignonscheiben, auf die wiederum die Tomatenwürfel aufgestreut werden. Dabei sollte darauf geachtet werden, daß die Oberfläche der Einlage möglichst eine Ebene bildet, ehe die Velouté (Zubereitungshinweis auf Seite 181) aufgegossen wird. Deren Zutaten vom Grundrezept wurden um einen kräftigen Schuß Ketchup erweitert, damit die Sauce eine leichte Rotfärbung und einen kräftigeren Geschmack erhält.

Die Velouté wird gleichmäßig über alle Zutaten gegossen, bis die Füllhöhe noch einen kleinen freien Rand läßt. Es empfiehlt sich, die Velouté sehr langsam aufzugießen, damit sie sich gleichmäßig verteilen kann und keine Lufteinschlüsse zurückbleiben. Nur so sieht die Kruste nach dem Garen wie ein pralles Kissen aus und fällt nicht zusammen.

Zum Verschließen bekommen die Auflaufformen eine Blätterteighaube. Dazu wird eine leere Form gestürzt und als Schablone genommen. Die benötigte Fläche wird mit einem Teigrad (ein Messer tut's zur Not auch) ausgeschnitten, wodurch eine leicht gewellte Schnittkante entsteht. Die ausgeschnittene Blätterteigplatte muß gut 1 cm den Schalenrand überlappen, damit sie an der Seite festgedrückt werden kann.

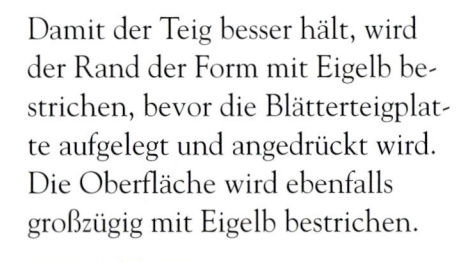

Damit der Teig besser hält, wird der Rand der Form mit Eigelb bestrichen, bevor die Blätterteigplatte aufgelegt und angedrückt wird. Die Oberfläche wird ebenfalls großzügig mit Eigelb bestrichen.

Mit einem speziellen Schneideroller wird aus einer weiteren Blätterteigplatte ein Gittermuster geschnitten. Eine Kantenbreite des Schneiders reicht für die Portionsschalen aus. Der so präparierte Blätterteig wird vorsichtig ein wenig auseinandergezogen...

...und dann als zweite Schicht auf die Blätterteighaube aufgebracht. Dazu ist einiges Geschick nötig, weil bei dieser Prozedur alles gleich beim ersten Anlauf sitzen sollte. Durch den Eigelb-Aufstrich bleibt der zweite Belag gut haften, und außerdem muß das Gitter während des Auflegens noch auf die volle Breite auseinandergezogen werden. Die doppelte Teighaube wird an mehreren Stellen eingestochen, damit beim Garen der Dampf entweichen kann. Dann das Ganze bei rund 200 °C etwa 15 bis 20 Minuten backen.

Gefüllte Krebse

von Pia Hillen

Materialauswahl

Taschenkrebse
Krabben
Kartoffeln
Karotten
Zwiebeln
Knoblauch
Fadennudeln
Maismehl
Mu-Err-Pilze
Zitronen

Für die Sauce

Kräuter der Saison
Joghurt
Sahne
Zwiebeln
Zitrone
Salz
Pfeffer

Zum Garnieren

Eisbergsalat
Lauch
Karotten
Minzeblätter

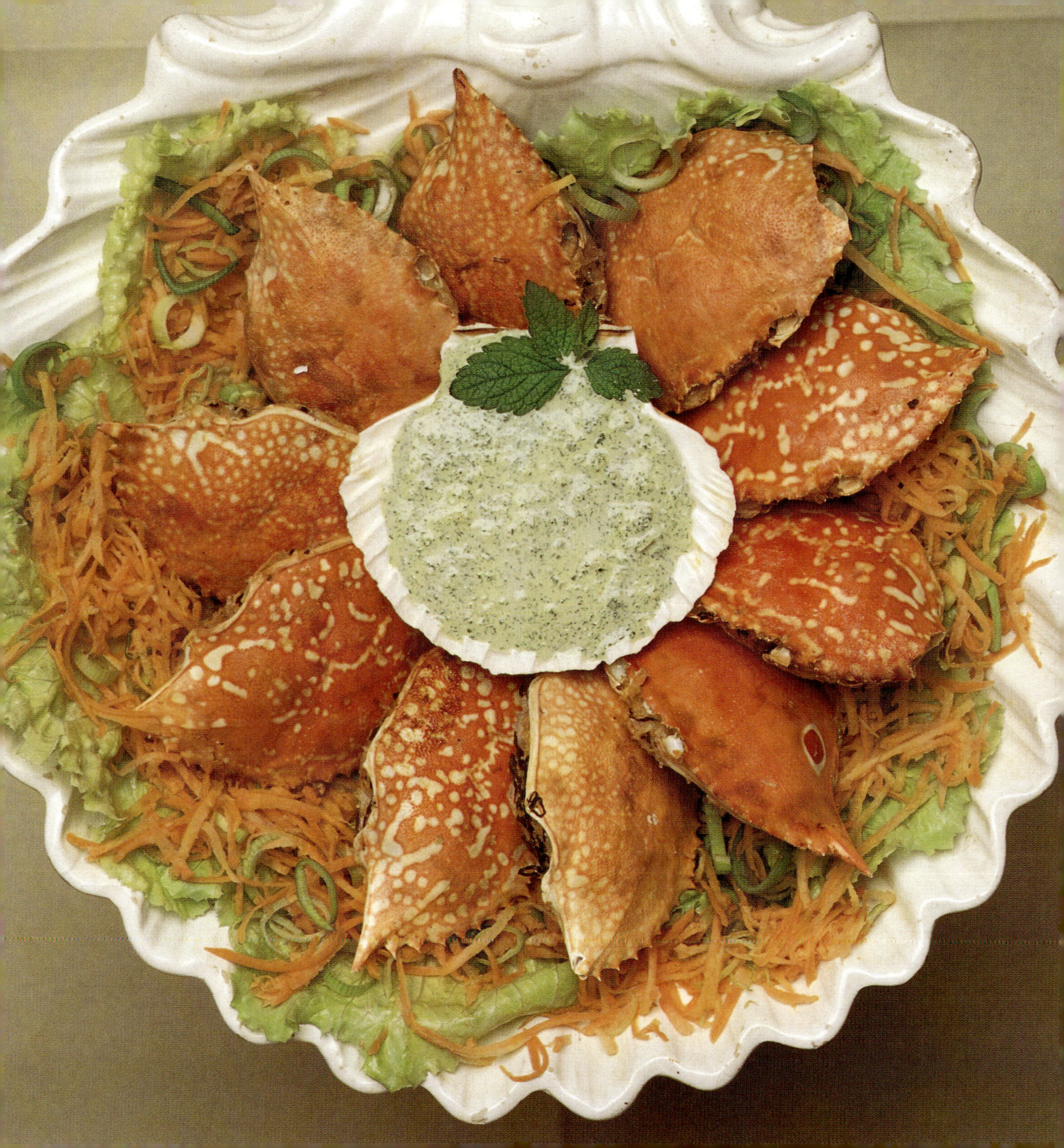

Karotten und Kartoffen werden fein geraspelt und mit den ganz fein gehackten Zwiebeln vermengt. Dazu kommen die Fadennudeln sowie die Pilze, die sehr fein geraspelt sein müssen. Abgeschmeckt wird mit frisch durchgedrücktem Knoblauch und mit Zitrone. Diese Mischung wird in der Pfanne leicht angebräunt. Bindung erhält die Masse durch die – sparsame – Beigabe von Maismehl. Bei den Krebsen wird das Fleisch vorsichtig aus der Schale gelöst und zusammen mit den Krabben der Gemüsemasse beigemengt. Die so vorbereitete Masse wird in die unter fließendem Wasser ausgepülten Krebsschalen eingefüllt und noch einmal großzügig mit Zitronensaft beträufelt.

Tip Die gefüllten Krebse sind vielseitig einsetzbar. Entweder können sie als warme Vorspeise gereicht oder kalt auf das Büffet gestellt werden. Als Alternative zu dem Kräuterdressing eignet sich ganz ausgezeichnet eine handelsübliche Sojasauce.

Die gefüllten Krebse werden mit der Schale nach unten auf ein Backblech gesetzt und bei 130 °C etwa 25 bis 30 Minuten im Ofen abgebacken. Keinesfalls eine höhere Backtemperatur wählen, sondern lieber eine geringere Hitze einstellen, auch wenn sich dadurch die Garzeit ein wenig verlängert. In einer großformatigen Muschelschüssel kommen zuunterst die Blätter des Eisbergsalates, und obenauf werden Karotten in Streifen und Lauchringe gestreut. Darauf werden die Krebse – diesmal mit der Schale nach oben – rund aufgesetzt. In der Mitte findet die Muschelschale ihren Platz, in der die Kräutersauce eingefüllt worden ist. Die wurde aus kleingehackten Kräutern und Zwiebeln mit Joghurt und Sahne angerührt und mit Zitronensaft, Salz und Pfeffer abgewürzt. Die Minzeblätter sind ausschließlich schmückendes Beiwerk.

Basilikum-Garnelen

von Pia Hillen

Materialauswahl

Garnelenschwänze
Garnelen in der Schale
Wirsing
Frühlingszwiebeln
Rosinen
Basilikum
Kerbel
Zitronensaft
Weißweinessig
Sojaöl
Salz
Pfeffer
Curry
Butter

Zum Garnieren

Basilikum
Kirschtomaten
rosa Grapefruit
Kiwis

Tip Die Basilikum-Garnele auf gedünsteten Wirsing streifen können als Vor- und Haupt speise serviert werden. Für die Zube reitung sind lediglich die hellen Blä ter des Wirsings gefragt. Deshalb bie tet sich dieses Gericht vor allem dan an, wenn zur Herstellung von Koh rouladen, bei der wiederum nur di äußeren Blätter gebraucht werden die zarteren Blätter im Kern übr bleiben. Anstelle von Wirsing kan auch Weißkraut verwendet werde Als Beilage paßt am besten der nu sig duftende Basmati-Reis.

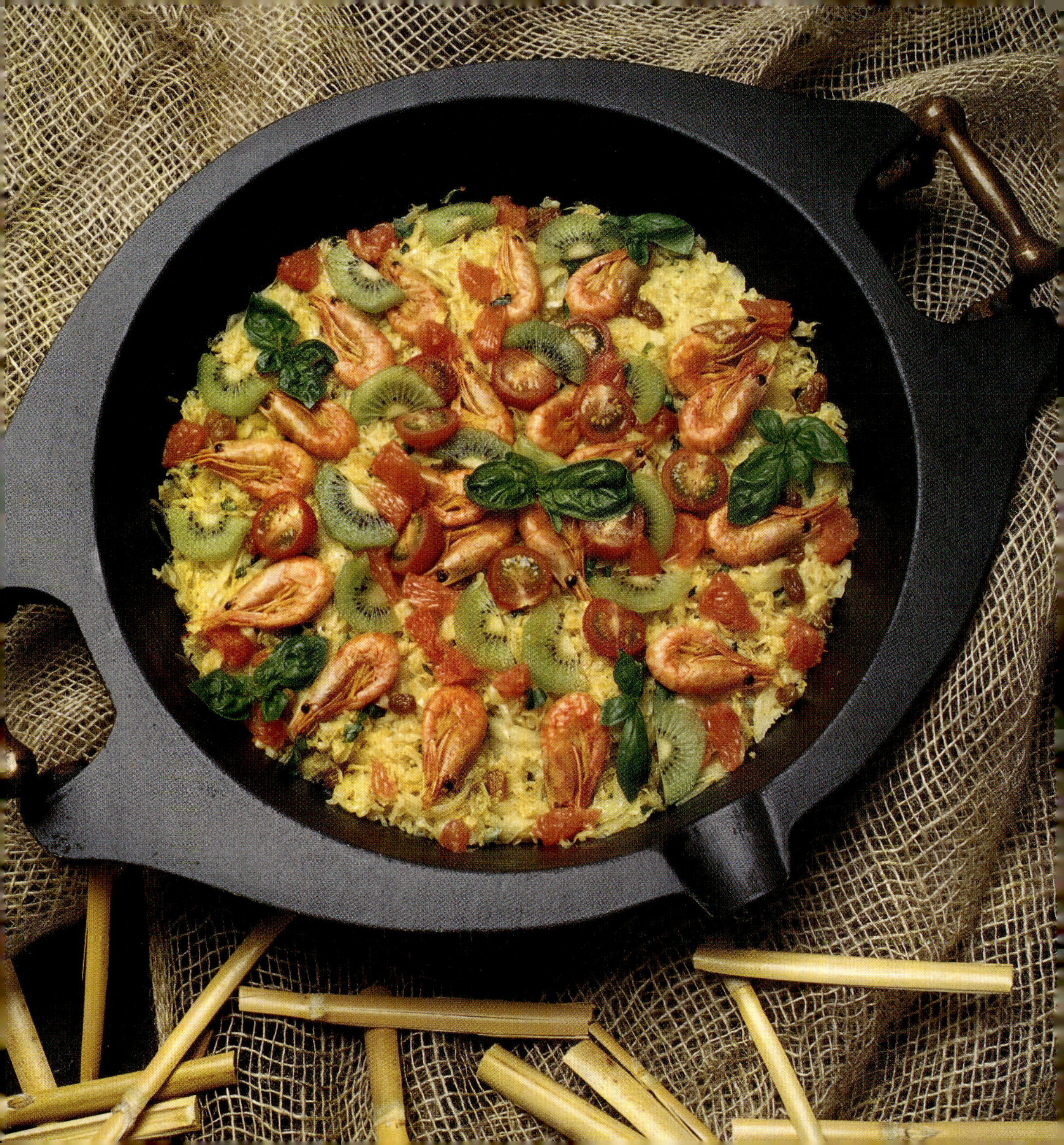

Schon allein die Zusammenstellung der Zutaten verheißt eine ungewöhnliche Komposition. Wirsing, Tomaten und Basilikum stellen zusammen mit den Garnelen den Basisgeschmack, der mit einer fruchtigen Note aus Grapefruit, Kiwi und Rosinen verfeinert wird.

Die Garnelenschwänze werden großzügig mit Zitronensaft beträufelt, mit Salz, grob gemahlenem Pfeffer und sparsam mit Curry bestreut und zugedeckt ins Kühle gestellt. Die Rosinen in warmem Wasser einweichen, Grapefruit und Kiwis schälen und in kleine Stücke schneiden. Basilikum und Kerbel kleinhacken, dabei einige Basilikumspitzen zum Garnieren zurückbehalten. Die Tomaten nur halbieren – sie kommen später als Dekoration obendrauf.

Den Wirsingkern in schmale Streifen schneiden und in Salzwasser – mit einem Schuß Essig – etwa 15 Minuten leicht kochen, abtropfen lassen. Die Frühlingszwiebeln in Streifen oder Ringe schneiden und in Öl glasig dünsten, ehe der Wirsing dazukommt und alles mit Salz, Pfeffer und Curry abgeschmeckt und zugedeckt fertiggedünstet wird.

Dann die Garnelen anbraten. Dazu werden zunächst die Garnelenschwänze gemeinsam mit den Rosinen in Butter geschwenkt und beides zusammen mit den Kräutern unter den vorbereiteten Wirsing gemengt. Dann die ungepulten Garnelen salzen, pfeffern, mit Zitrone beträufeln und ebenfalls in Butter braten.

Der Wirsing wird in einen großen gußeisernen Topf umgefüllt. Auf das Gemüse kommen die ganzen Garnelen, wobei der Mittelpunkt mit einem Garnelenkranz betont wird. Grapefruit, Kiwis und Tomaten werden locker dazwischen verteilt, ehe zum Ausgarnieren die zurückbehaltenen Basilikumspitzen aufgesetzt werden.

Garnelen im Wok

von Astrid Schmitt

Materialauswahl

Garnelen
rote Paprika
grüne Paprika
gelbe Paprika
Brokkoliröschen
Gemüsemais
Naturreis, gekocht
Butter oder Öl
Pfeffer
Suppengewürz
Tabasco
Sojasauce

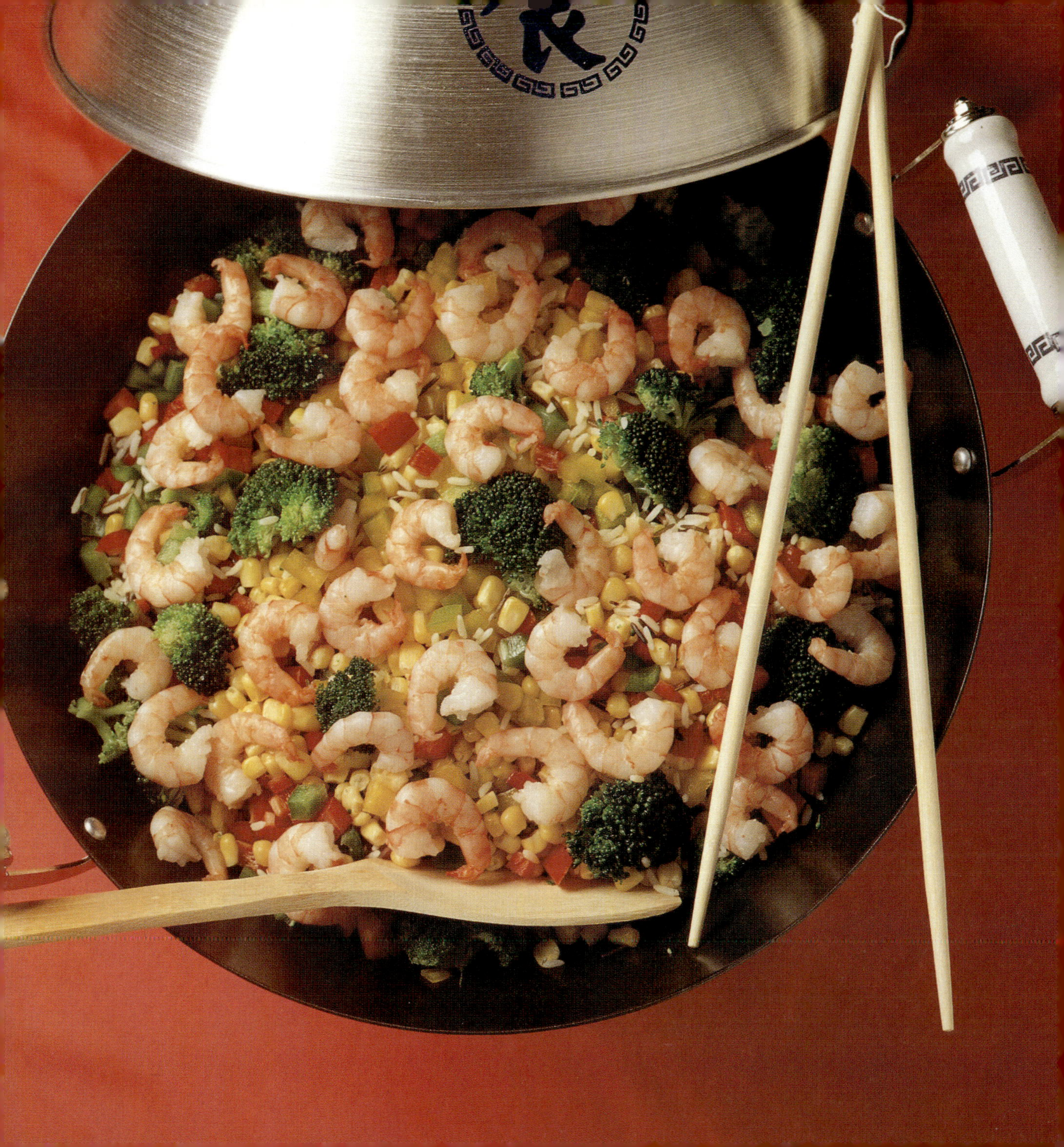

Die Farbigkeit und die Nährstoffe der Zutaten bleiben bei dem schonenden Garen im Wok weitgehend erhalten. Zunächst die geputzten Paprikaschoten in kleine Würfel schneiden und die blanchierten Brokkoliröschen in kleine mundgerechte Happen zerteilen. Den Gemüsemais aus der Konserve gut abtropfen lassen. Die Garnelen von Schalen befreien oder gleich auf bereits geschälte Meeresfrüchte zurückgreifen.

Für die Zubereitung Butter im vorgeheizten Wok schmelzen oder Öl erhitzen. Darin die Garnelen anbraten, wieder herausnehmen und warm stellen. Danach das Gemüse in das Fett geben und es unter ständigem Rühren knackig dämpfen. Anschließend den gekochten Reis dazu. Alles gut mischen und erhitzen, dabei die gesamte Masse kräftig mit Salz, Pfeffer und Suppenwürze sowie sparsam mit Tabasco abschmecken. Mit der Sojasauce würzt jeder Tischgast seine Tellerportion nach Belieben selbst.

Zum Schluß werden die Garnelen untergemischt und ein paar besonders schöne Exemplare obenauf dekoriert. Beim Unterheben nehmen sie die Würze der übrigen Zutaten an.

Tip Mit Zitronengras oder Knoblauch läßt sich das Aroma variieren. Zusätzlich zu den Garnelen oder anstelle der Garnelen können auch Tintenfische und Muscheln verwendet werden.

Zander mit Kartoffelschuppen

von Holtmann's

Materialauswahl

frischer Zander
Eier
Kartoffeln
Rote Bete
Olivenöl
Salz
Pfeffer

Für die Sauce

Fischfond
Schalotten
Butter
Safran
Sahne
Noilly Prat
(französischer Vermouth)

Zum Garnieren

Blattpetersilie
Schnittlauch

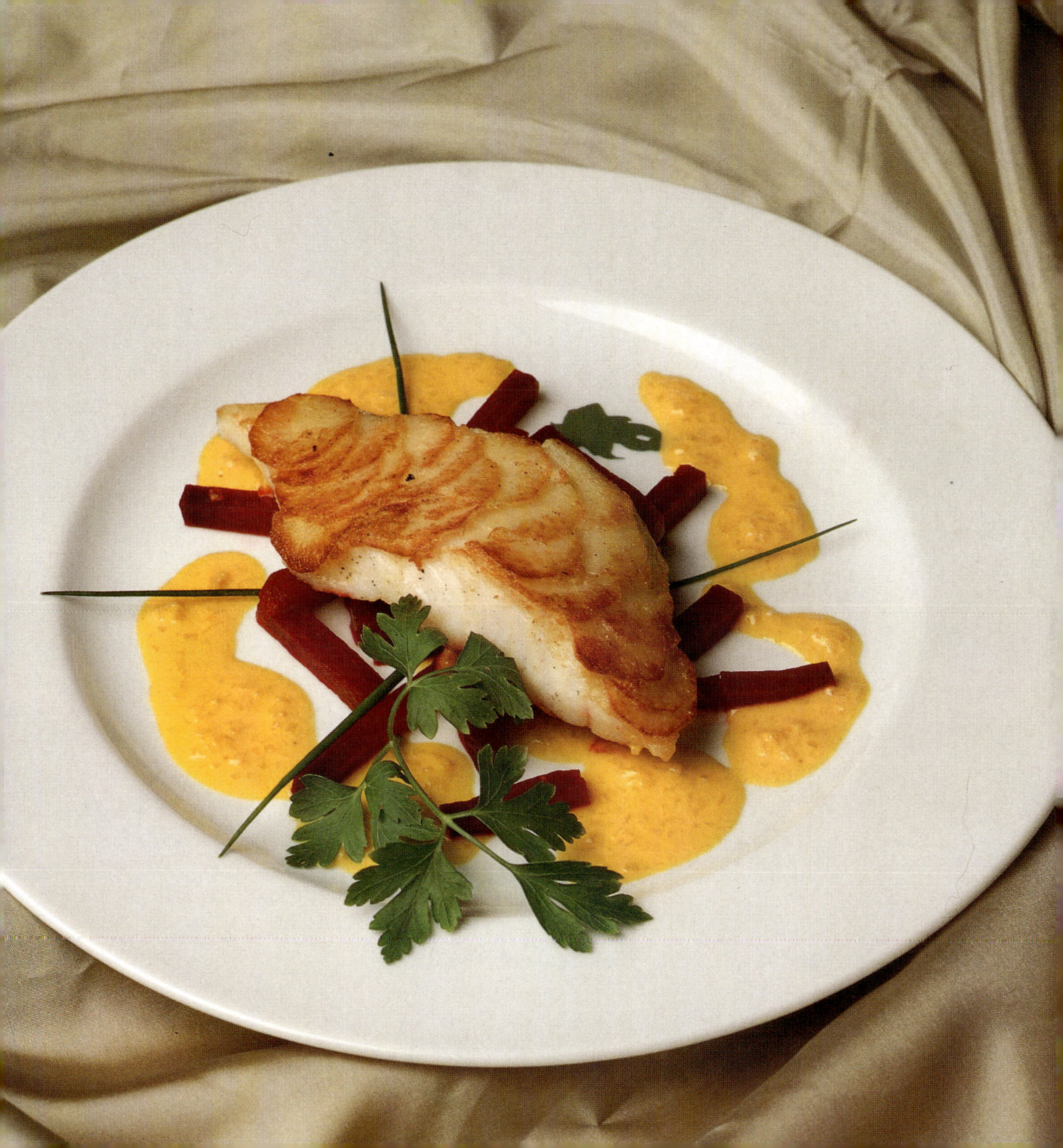

Der Zander wird komplett filetiert und enthäutet. Dann werden die Filethälften mit einem schrägen Schnitt in rautenförmige Portionsstücke geteilt.

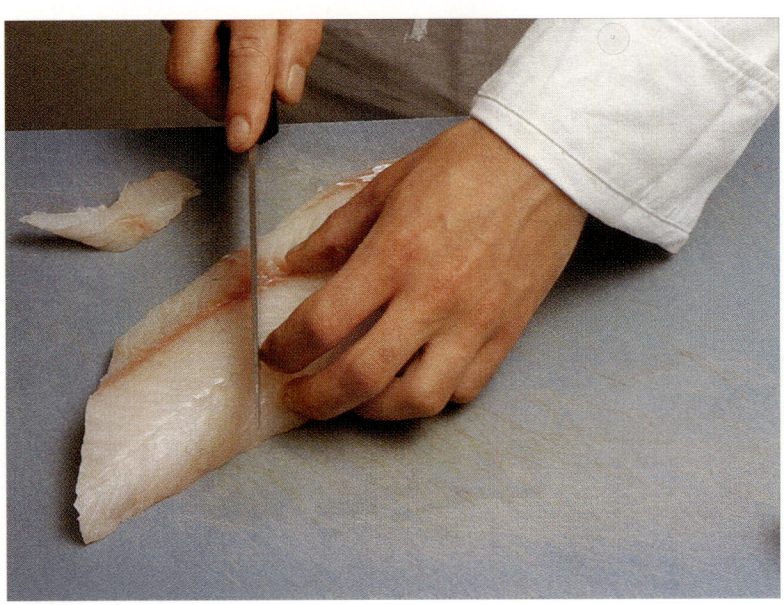

Jedes Filetstück wird mit Salz und Pfeffer eingerieben. Dann ein Ei aufschlagen und den Fisch – nur die gerundete Oberfläche – damit bestreichen. Damit das Ei besser haftet, eventuell den Fisch zuvor ganz fein mit Mehl bestreuen.

Die Kartoffeln werden nicht geschält, sondern in walzenähnliche Rundstücke geschnitten. Dabei mit dem Messer die Seitenschnitte glattschaben, damit die Kartoffel richtig rund ist.

Die Kartoffelwalze wird in dünne Scheiben aufgeschnitten. Diese dürfen nicht ins Wasser gelegt werden, weil sie dabei ihre Stärke verlieren würden, die zur Bindung gebraucht wird. Weil die Kartoffel jedoch schnell unansehnlich braun wird, ist ein schnelles Arbeiten gefragt.

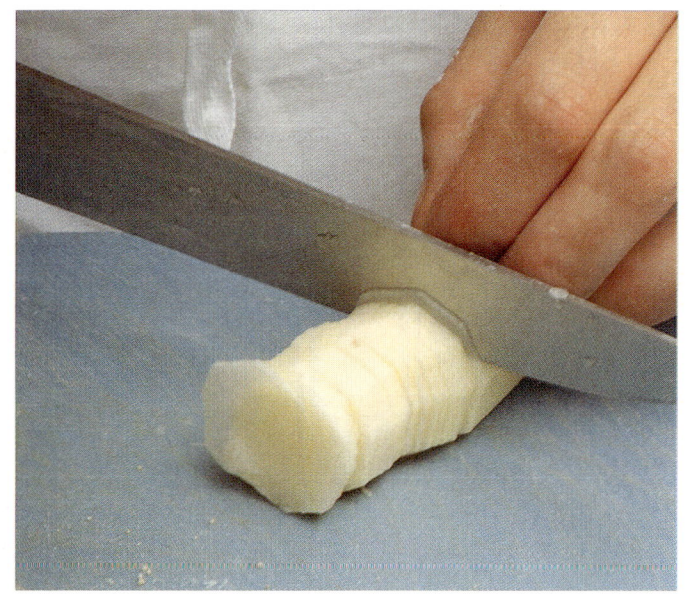

Die hauchdünnen Kartoffelscheiben werden schuppenförmig auf den mit verquirltem Ei bestrichenen Fisch gelegt und leicht angedrückt, damit die Auflage beim Braten nicht auseinanderfällt. Dann die schuppige Oberfläche leicht salzen und mit Ei bestreichen.

In einer Pfanne wird das Olivenöl erhitzt, in das der Zander – mit der Kartoffelseite zuunterst – vorsichtig hineingesetzt wird. Gut anbraten, damit die Kartoffelscheiben gar werden können, dann umdrehen und die Unterseite kurz anbraten. Die so angebratenen Portionen auf ein Blech setzen und im Ofen fertiggaren, aber nicht zu lange, sonst trocknet der Fisch zu sehr aus.

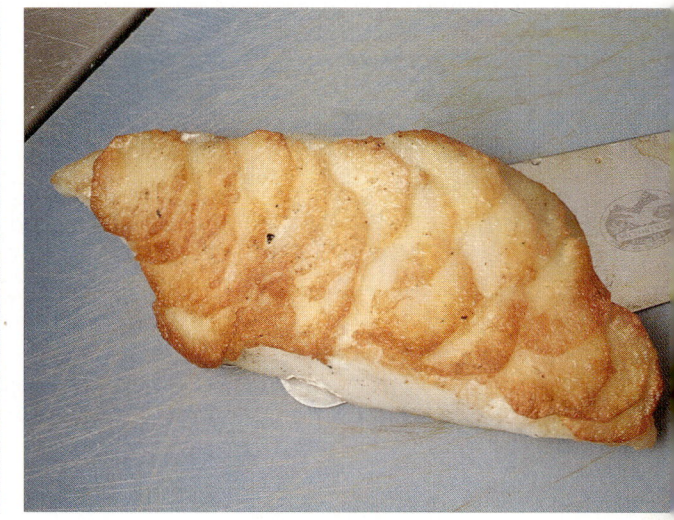

In der Zwischenzeit wird die Sauce zubereitet: Butter heiß werden lassen und gleich den Safran hineingeben, dann kocht er sich am besten aus. Die kleingeschnittenen Schalotten kommen anschließend hinzu und werden glasig gedünstet, ehe mit dem Vermouth abgelöscht wird. Das Ganze mit Fischfond aufgießen und reduzieren lassen. Zum Schluß die Sahne einrühren und mit Salz und Pfeffer abschmecken.

Die Rote Bete wird ungeschält gekocht. Dann die Schale abziehen, das Gemüse in dünne Stifte schneiden und diese auf den Teller mit einem üppigen Zweig Blattpetersilie anrichten. Mit einem Löffel wird die dünnflüssige Safransauce aufgeträufelt, bevor der kartoffelgeschuppte Zander aufgesetzt wird. Ein paar Schnittlauchrollen komplettieren die Garnitur.

Meerwolf gefüllt mit Zitronenthymian
von Holtmann's

Materialauswahl

Meerwolf (Loup de Mer)
Zitronenthymian
Algen
Kirschtomaten (gelb und rot)
Kartoffeln
Knoblauch
Olivenöl
Mehl
Salz
Pfeffer

Für die Sauce

Weißwein (Riesling)
Butter
Schalotten
Fischfond
Sahne

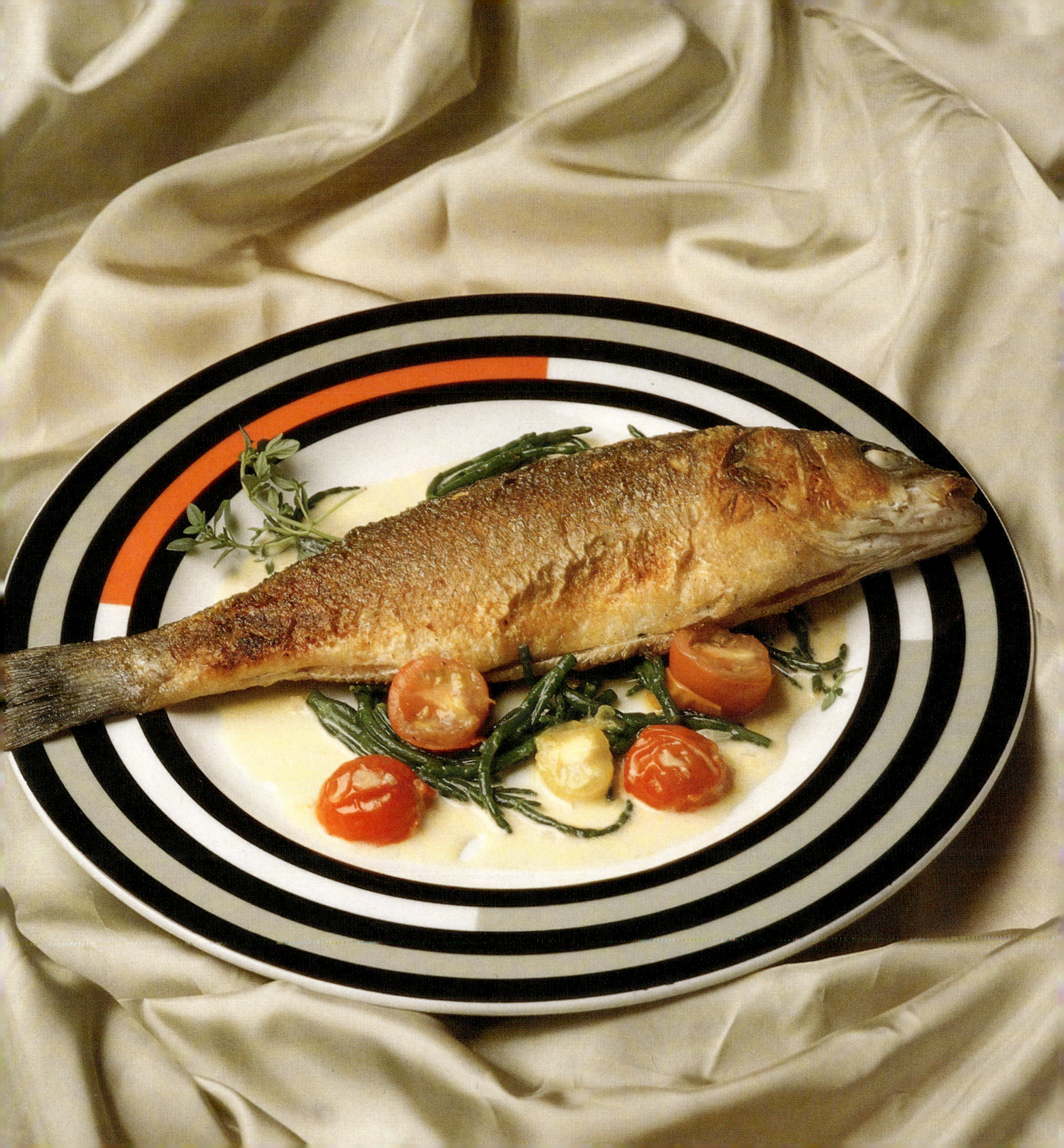

Den Fisch schuppen, mit einem Längsschnitt aufschlitzen und ausnehmen (vgl. Seite 186). Mit der Schere die Flossen abschneiden, dann den Körper unter fließendem Wasser abspülen, trockentupfen und von innen mit Salz und Pfeffer einreiben.

In die abgewürzte Bauchhöhle kommt ein Bund Zitronenthymian (ein paar kleine Zweige zurücklassen), auch ein paar klein geschnittene Knoblauchstücke werden dazugesteckt. Den weit geöffneten Leib wieder zu seiner ursprünglichen Form leicht zusammendrükken und von außen komplett salzen und pfeffern.

Anschließend den Fisch in Mehl wenden. Damit nicht zuviel Mehl haften bleibt, den Fisch am Schwanzende festhalten und das überschüssige Mehl sachte abklopfen. Das Olivenöl in einer Pfanne erhitzen, einen der zurückgelassenen Thymianzweige hineingeben und den Fisch von beiden Seiten kurz anbraten, bis er leicht gebräunt ist. Das Ganze in den Ofen stellen und dort etwa 10 Minuten bei niedriger Hitze fertiggaren.

Die Sauce und das Gemüse werden jeweils extra zubereitet. Für die Sauce Butter auslassen, die Schalotten anschwitzen und alles mit Riesling ablöschen. Den Fischfond hinzugeben, etwas salzen und reduzieren, ehe mit Sahne abgebunden wird. Die Kirschtomaten halbieren und die Algen am Ende wie Bohnen abschneiden. Die Meeresalgen (siehe Seite 195) in Butter anschwenken. Sie dürfen nicht gesalzen werden, denn sie sind selbst salzig genug – höchstens einen Hauch Pfeffer verwenden. Mit Fischfond ablöschen und die Tomaten kurz vor Garende dazugeben. Algen und Tomaten abtropfen lassen und auf dem Teller drapieren, löffelweise die Sauce über das Gemüse träufeln und zum Schluß den Fisch vorsichtig auflegen und servieren.

Rotbarbe mit Pestokruste

von Holtmann's

Materialauswahl

Rotbarbenfilets
Kopfsalat
Eichblattsalat
Rucola
Salz
Pfeffer
Essig
Olivenöl

Für den Pesto

Olivenöl
Basilikum
Pinienkerne
Knoblauch
Weißbrot
Salz
Pfeffer

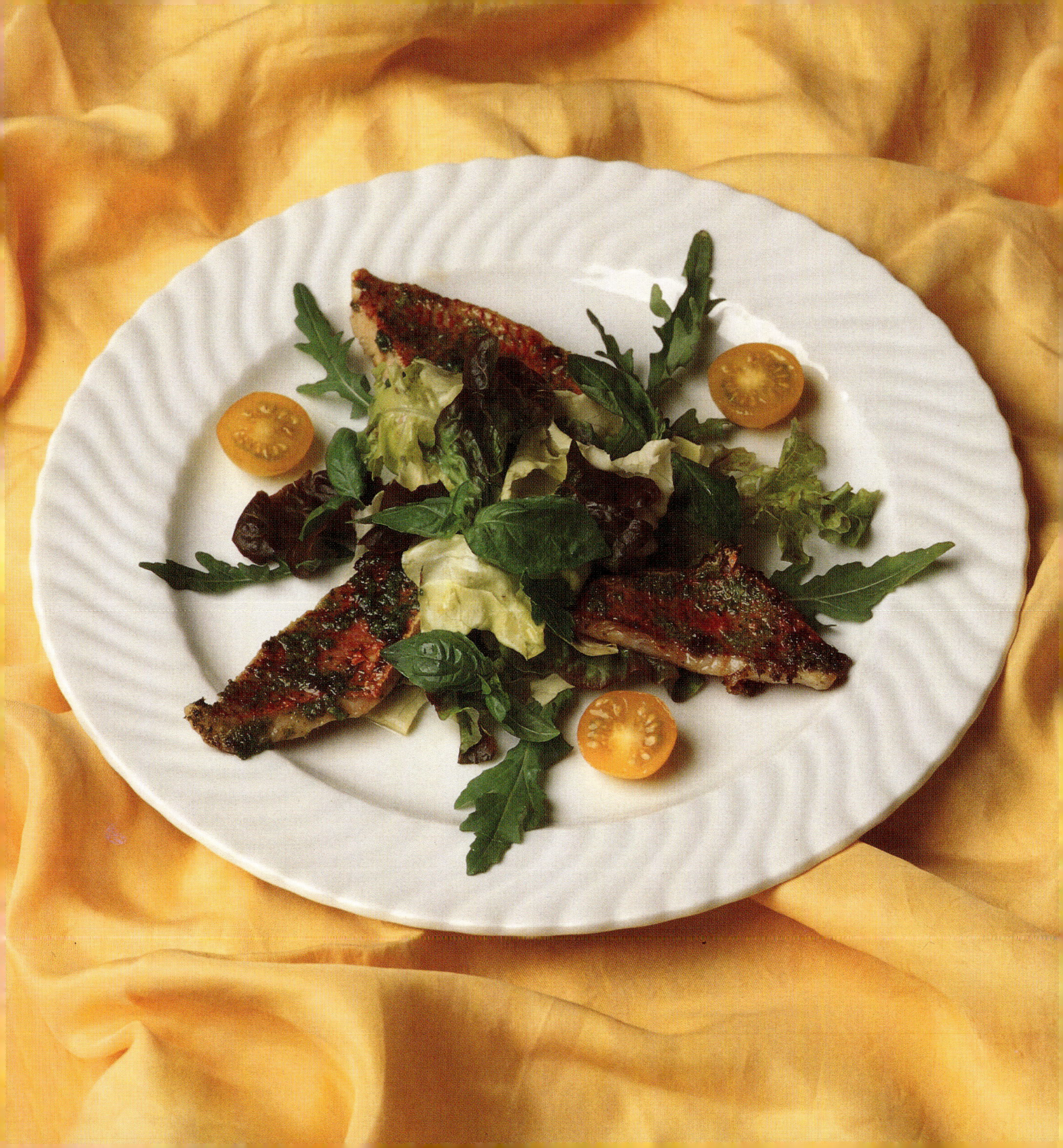

Den Pesto schon zuvor herrichten, damit er richtig durchziehen kann. Dafür das Basilikum von den Stielen befreien und kleinschneiden. Knoblauch in kleine Stücke teilen und das Innere von altbackenem Weißbrot zerbröseln. Das Ganze zusammen mit einer Prise Salz in einen Mörser geben und zerstoßen. Die Pinienkerne dazugeben und ebenfalls mit dem Stößel bearbeiten. Durch die tropfenweise Zugabe von Olivenöl ergibt sich dann eine cremige Masse, die zum Schluß mit Salz und Pfeffer abgeschmeckt wird. Im verschlossenen Behältnis kann die Zubereitung ohne Probleme etliche Tage aufbewahrt werden, solange ein feiner Ölfilm die Sauce bedeckt. Bei Bedarf braucht sie lediglich nochmals kräftig verrührt werden.

Angesichts der kurzen Garzeit des Fischfilets ist es ratsam, den Teller mit den Salaten schon fertig hergerichtet zu haben, um den Fisch gleich servieren zu können. Dazu die Salatblätter in mundgerechte Stücke zupfen und zusammen mit den halbierten Kirschtomaten auf dem Teller drapieren. Das Dressing besteht nur aus Salz, Pfeffer, Essig und Öl.

Die Fischfilets werden von beiden Seiten mit Salz und Pfeffer eingerieben…

…bevor ihnen nur auf der Seite mit der Hautzeichnung mit dem Löffel eine Schicht Pesto aufgetragen wird. Diese Seite kommt auch zuerst zum Anbraten in das heiße Olivenöl. Nach gerade einmal 1 Minute wenden und ebensolang die andere Seite braten. Die Filetstücke auf den angerichteten Salatblättern servieren.

Thunfischsteak mit feinem Gemüse
von Holtmann's

Materialauswahl

Thunfischfilet
neue Kartoffeln
Brokkoli
Karotten
Zitronenpfeffer
Salz
Olivenöl

Für die Sauce

Dill
Petersilie
Schnittlauch
Zitrone
Butter

Zum Garnieren

Schnittlauch

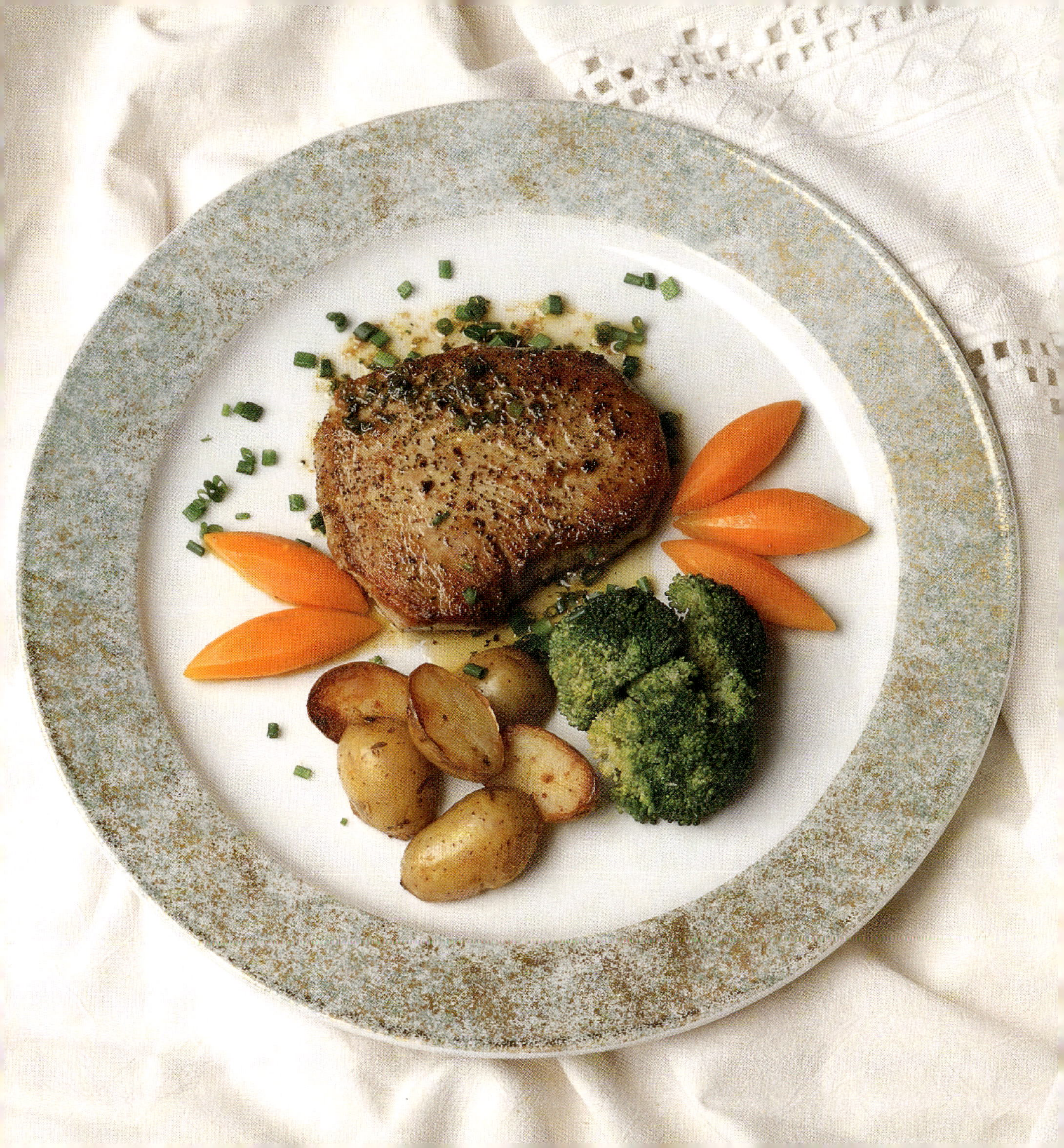

Das Thunfischfilet hat eine sattrote Farbe und sieht aus wie Rindfleisch. Zunächst werden die Kräuter vorbereitet. Dazu werden sie gewaschen, die dickeren Teile entfernt und schließlich ganz fein geschnitten bzw. gehackt. Die halbierten Kartoffeln werden mit Schale angebraten, dann den Brokkoli und die tournierten Karotten abkochen und alles warm stellen.

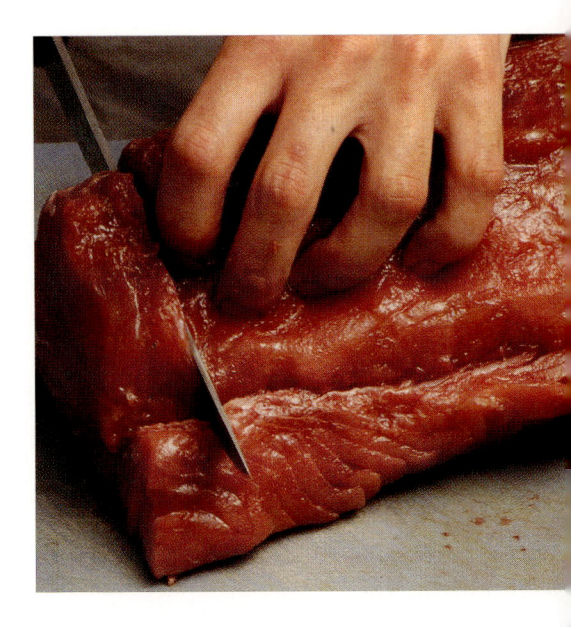

Vom Thunfischfilet werden 1,5 bis 2 cm dicke Scheiben abgeschnitten, so daß die Portionen 170 bis 180 g wiegen. Das feste Fleisch wird per Hand etwas weichgedrückt und von beiden Seiten gesalzen und mit Zitronenpfeffer bestreut.

Das Olivenöl in der Pfanne sehr heiß werden lassen, denn es wird eine große Hitze benötigt. Das Steak von beiden Seiten je etwa 3 Minuten kräftig anbraten, so daß es nicht ganz durch ist. Am besten ist es, die Steaks im Betrieb kurz anzubraten und vor Ort im Ofen fertigzugaren. Dann werden auch die Kräuter, die möglichst frisch zubereitet serviert werden sollten, noch einmal aufgeschäumt.

In einer Pfanne die Butter zerlassen und diese wieder etwas abkühlen lassen, damit die Kräuter nicht verbrennen. Die Kräuter dazugeben, aufschäumen und mit Zitrone überträufeln. Brokkoli, Kartoffeln und Karotten auf einem Teller anrichten, das Steak auflegen und mit dem Kräuterschaum begießen. Mit kleinen Schnittlauchröllchen bestreuen und servieren.

Lachssteaks in Zitronensauce

von Pia Hillen

Materialauswahl

ein ganzer frischer Lachs
Karotten
Sellerie
Zitronensaft
Basilikum

Zum Garnieren

Zitronenbutter
Limonen
Minzeblätter

Für die Sauce

Zitronensaft
Mayonnaise
Sahne
Senf
Salz
Weißer Pfeffer
Zucker

Tip Nicht nur im Partyservic[e] auch im Ladenverkauf e[r]weitern die fix und fertig zubereitete[n] Lachssteaks das Grillsortiment u[m] eine leckere und leichte Variante. Z[ur] Ware selbst gehört selbstverständli[ch] auch die Empfehlung, wie der Fis[ch] beim sommerlichen Grillvergnüge[n] gegart wird: Die Folie wird ganz g[e]schlossen und der so verpackte Fis[ch] wie ein Steak von jeder Seite 3 b[is] 5 Minuten über die volle Glut auf de[n] Grillrost gelegt. Dann schmort d[er] Lachs im eigenen Saft.

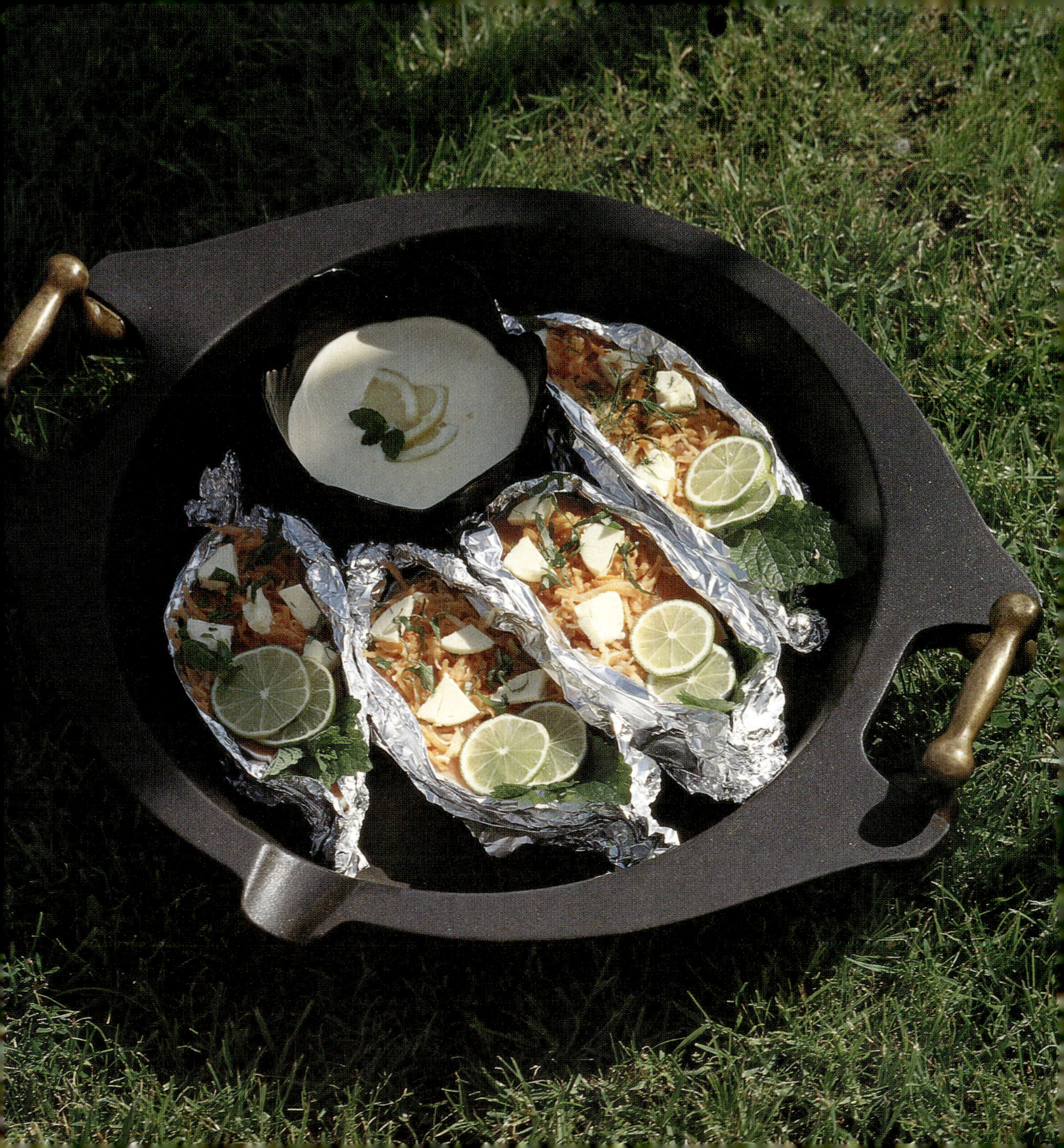

Der ausgenommene Fischkörper wird von Kopf und Schwanz befreit, ebenso von den Flossen. Den Lachs in 4 cm dicke Scheiben schneiden und jede davon auf Alufolie setzen. Danach wird jede Portion mit Zitronensaft beträufelt, ehe die Gemüseauflage hinzukommt.

Für die Gemüseauflage Möhren und Sellerie in Streifen schneiden und auf dem Lachssteak aufhäufeln. In der Mitte eine Linie aus gehacktem Basilikum aufstreuen.

Von einer Rolle handelsüblicher Zitronenbutter Scheiben abschneiden, vierteln und die Viertel auf der Gemüseauflage verteilen. Dann die Alufolie hochziehen, den Rand doppelt zusammendrücken und das Ganze wie einen Fisch ausformen. In eine gußeiserne Pfanne setzen und mit Limonen und Minzeblättern garnieren.

Für die Zitronensauce wird die Mayonnaise unter Zugabe von süßer Sahne, Senf, Salz, Pfeffer und einer Prise Zucker schaumig gerührt. In einer Schale mit Zitronenvierteln und ein paar Minzeblättern verziert, wird sie zu den in Alu verpackten Lachssteaks in die Form gestellt und für die Grillparty ausgeliefert.

Bachsaibling in Folie
von Holtmann's

Materialauswahl

Bachsaibling
Wurzelgemüse
(Sellerie, Karotten, Lauch)
Kräuter
(Petersilie, Thymian,
Rosmarin, Dill)
Salz
Pfeffer
Zitronensaft
Butter

Tip Der Bachsaibling ergänzt das Grillprogramm im Sommer. Dann wird der Fisch fest in Folie eingepackt und schmort im eigenen Saft auf dem Gartengrill. Aber auch bei einem Büffet komplettiert er ein abwechslungsreiches Speisenangebot. Dann allerdings wird er 20 bis 25 Minuten bei 180 bis 200 °C im Ofen gegart, und zwar mit leicht geöffneter Folie.

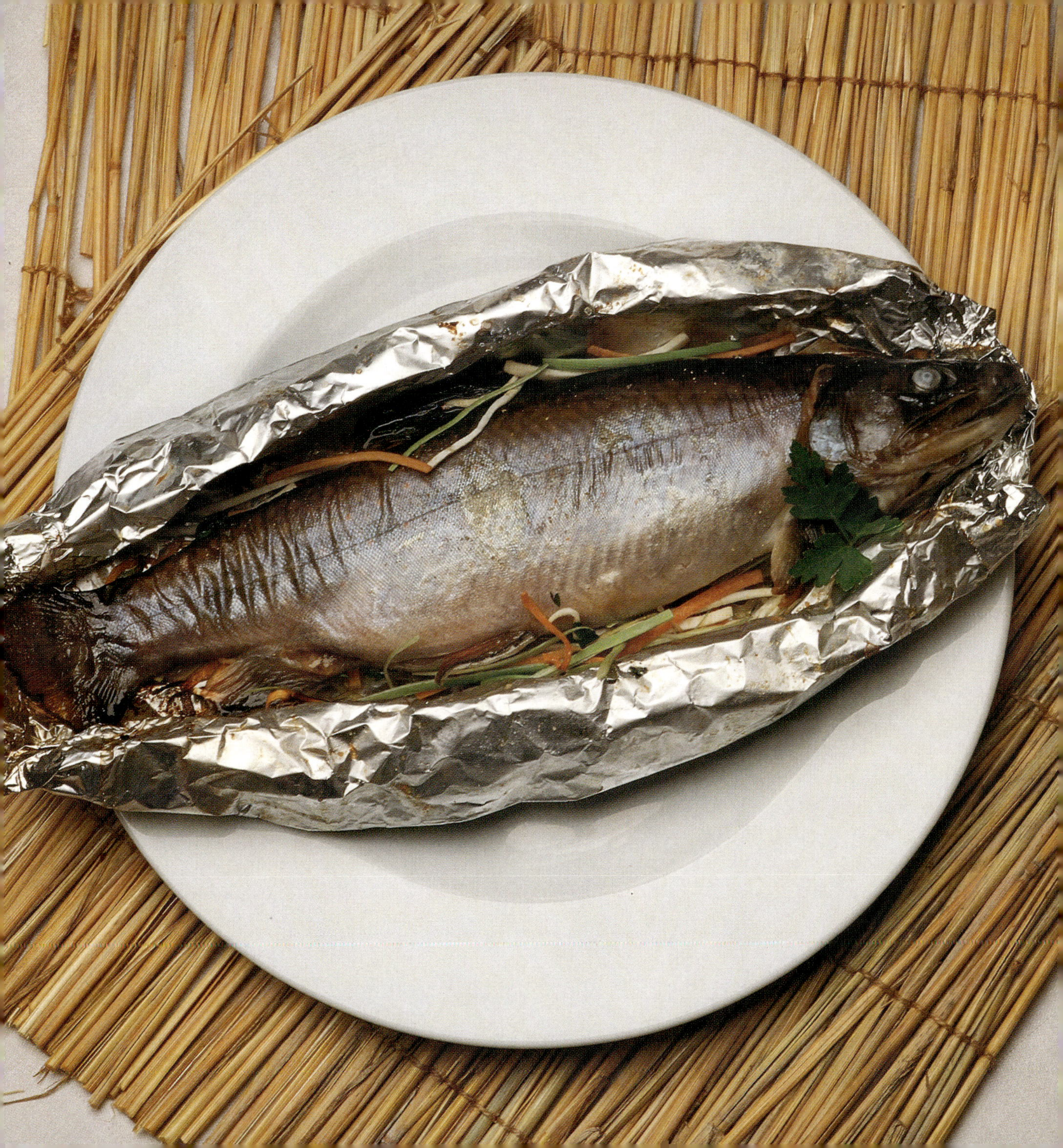

Wenn der Fisch ausgenommen und unter fließendem Wasser abgespült und anschließend trockengetupft ist, wird er von innen und außen kräftig mit Salz und Pfeffer eingerieben. Durch das „beigelegte" Wurzelgemüse verbirgt sich im Grillpaket eine komplette Mahlzeit.

Zunächst muß die Alufolie gut gebuttert werden. Dazu entweder einen Pinsel verwenden oder noch besser die Butter mit dem Löffelrücken glattstreichen. Dann kommt als erstes die Gemüse-Kräuterauflage obenauf. Dazu das Gemüse in feine Streifen schneiden und die Kräuter kleinhacken (vom Rosmarin nur die abgezupften Nadeln verwenden), ebenso den Knoblauch. Der Saibling wird kräftig mit Salz und Pfeffer eingerieben und auf das vorbereitete Gemüsebeet gelegt.

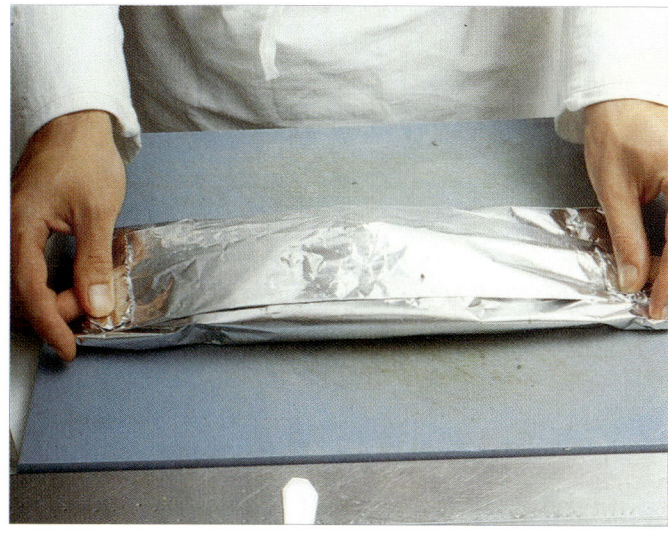

Aufgeträufelter Zitronensaft gibt dem Gericht die richtige Würze. Ein paar aufgesetzte Butterflocken verhindern beim Garen das Anhängen an der Folie und verleihen einen zusätzlichen Schmelz. Beim Einwickeln in Folie werden zuerst der linke und der rechte Folienrand über den Kopf und den Schwanz gelegt. Dann oben und unten die Folie mit einem doppelten Rand versehen...

... und erst danach über dem Fischkörper einschlagen, dabei gut überlappen lassen, damit das Ganze fest verschlossen werden kann und beim Garen nichts ausläuft. Zum Schluß an den Seiten die Folie zusammendrücken. Bei der „Ofenversion" bleibt ein länglicher, schmaler Schlitz offen.

Grillplatte
von Astrid Schmitt

Materialauswahl
Garnelen
Lachs

Zum Garnieren
Tomaten
Minitomaten
Zitronen
Lollo Bionda
Pfeffer

Tip Bieten Sie Knoblauch- oder Kräuterbutter, Sojasauce sowie verschiedene Grillsaucen zu dieser Platte an.

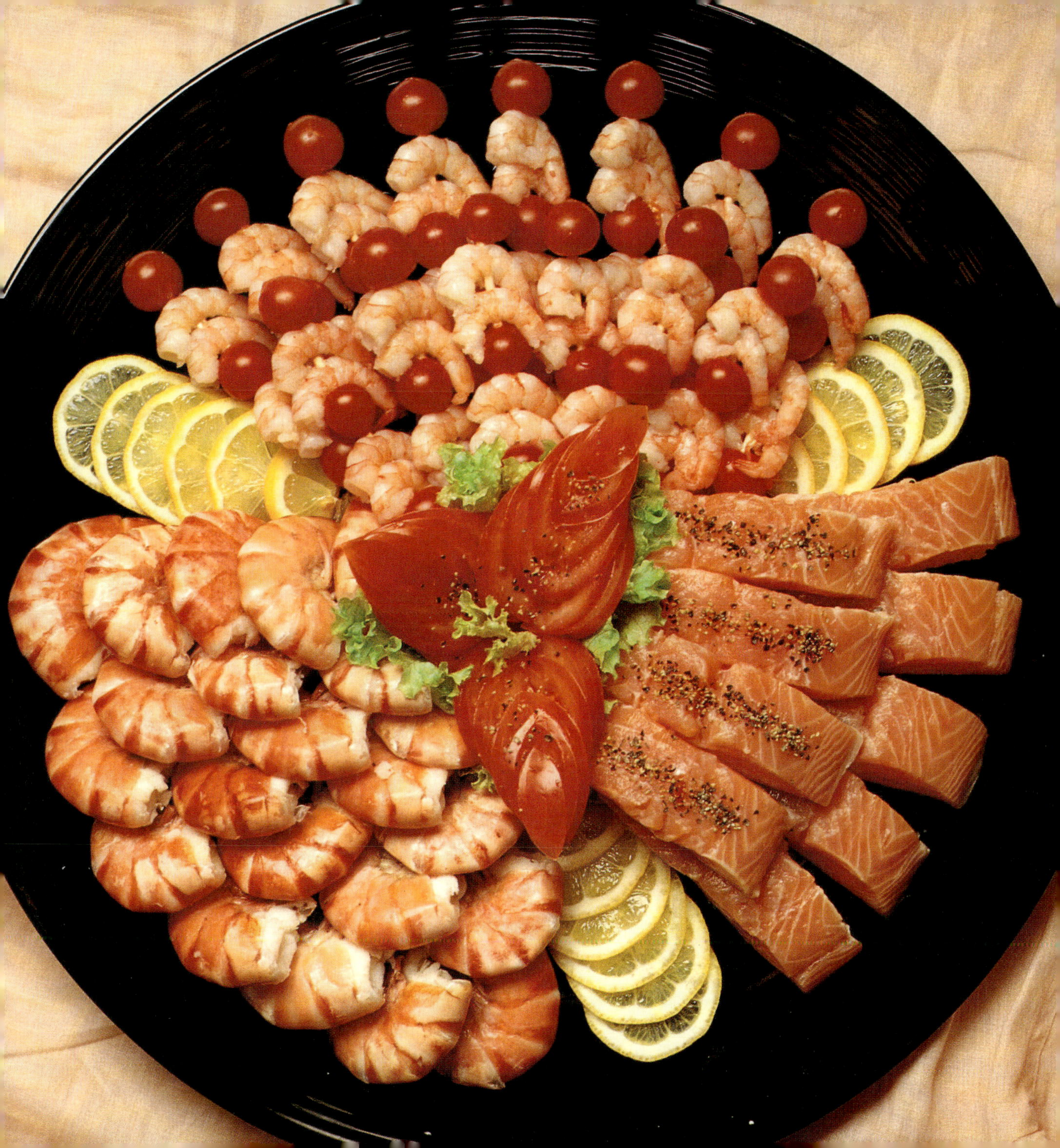

Aller guten Dinge sind drei: Lachsschnitten, gekochte Riesengarnelen mit Schale (zuvor vorsichtig den Darm entfernen) und Garnelenspieße nehmen jeweils zu gleichen Teilen die Plattenfläche auf dem großformatigen schwarzen Glasteller ein. Zu Beginn werden die Riesengarnelen von außen nach innen angehäufelt. Abgrenzung zum nächsten Belag schaffen die vom Legerand bis zur Mitte hin aufgefächerten Zitronenscheiben. Für die Spieße werden jeweils abwechselnd zwei Garnelen und eine Minitomate auf einen Holzspeiler gesteckt, so daß vier Tomaten die sechs Garnelen einrahmen.

Das zweite Rohstoffdrittel bilden die Garnelenspieße, die so locker sitzen sollen, daß der Gast oder Gastgeber jeden einzelnen Spieß zum Grillen leicht herausziehen kann, ohne die gesamte Auflage ins Rutschen zu bringen. Deshalb die überstehenden Teile des Holzspießes am besten abkneifen. Bei der Anordnung darauf achten, daß alle Garnelenschwänze in dieselbe Richtung zeigen, damit eine harmonische Optik gewahrt bleibt.

Das letzte Drittel füllen die Lachssteaks aus, die gut 2 cm dick sind. Sie werden ebenso mit grob gemahlenem schwarzen Pfeffer abgestreut wie die drei aufgefächerten Tomatenviertel, die auf einem Salatbeet aus grünem Lollo sitzen.

Fisch-Terrine
von Karlheinz Geibel

Materialauswahl

Rotbarschfilet
Zucchini
Spinat
Tomaten
Weißwein
Sahne
Blattgelatine
Salz
Pfeffer

Zum Garnieren

Lollo Rossa

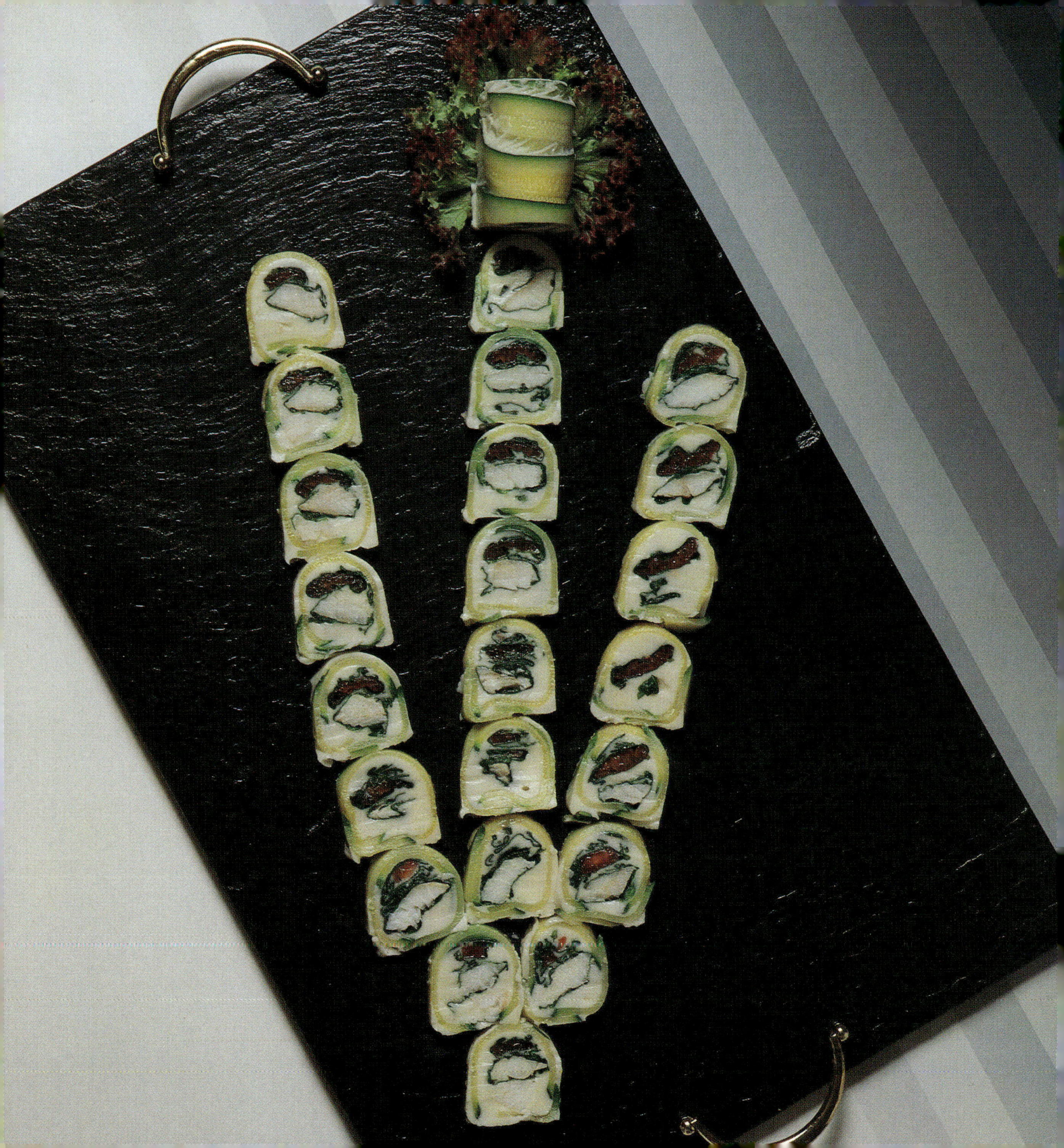

Die Zucchini werden der Länge nach in dünne Scheiben geschnitten und in Salzwasser blanchiert. Damit wird eine schmale Terrinenform ausgekleidet. Die Form muß zuvor mit einer Klarsichtfolie ausgelegt werden, damit sich die Füllung später problemlos aus der Form nehmen läßt.

Die Fischstücke werden kurz in Weißwein pochiert und dann zusammen mit einem Stück Tomate in ein blanchiertes Spinatblatt eingewickelt. Der Fischsud wird für den Aspikfond verwendet. Dazu wird der Sud mit Sahne eingekocht und darin die eingeweichte Gelatine aufgelöst. Mit Salz und Pfeffer abschmecken und abkühlen lassen.
Das gut verpackte Fisch-Tomaten-Gespann wird päckchenweise in die Terrinenform geschichtet und mit dem Sahne-Aspik aufgegossen.

Beim Aufgießen mehrmals absetzen und ein Weilchen warten, damit die Luftblasen aufsteigen und später keine unschönen Hohlräume entstehen. Dann das Ganze mit der Folie abdecken, den Deckel schließen und beschweren, während die Terrine zum Festwerden – am besten über Nacht – ins Kühlhaus gestellt wird.

Gut durchgekühlt läßt sich anderntags die Terrine aus der Form lösen, indem sie durch das Festhalten am Folienrand behutsam herausgezogen wird.

Mit einem sehr scharfen Messer wird die Fischterrine in etwa 1 cm breite Scheiben geschnitten. Dabei wird eine von Scheibe zu Scheibe unterschiedliche Maserung sichtbar, die beim reihenweisen Auslegen auf einer Schieferplatte durch den Hell-Dunkel-Kontrast erst ihre volle Wirkung entfaltet. Eines der beiden Endstücke wird im kleinen Block auf einem Lollo-Beet als Ausgangspunkt garniert.

Lachsterrine
von Brigitte Purschke

Materialauswahl

Räucherlachs, vorgeschnitten
Lachsabschnitte
Fischfond
Blattgelatine
Sahne
Salz
Weißer Pfeffer
Worcestersauce
Zitrone
Dill oder Kerbel

Zum Garnieren

Rollenbutter
Blattpetersilie

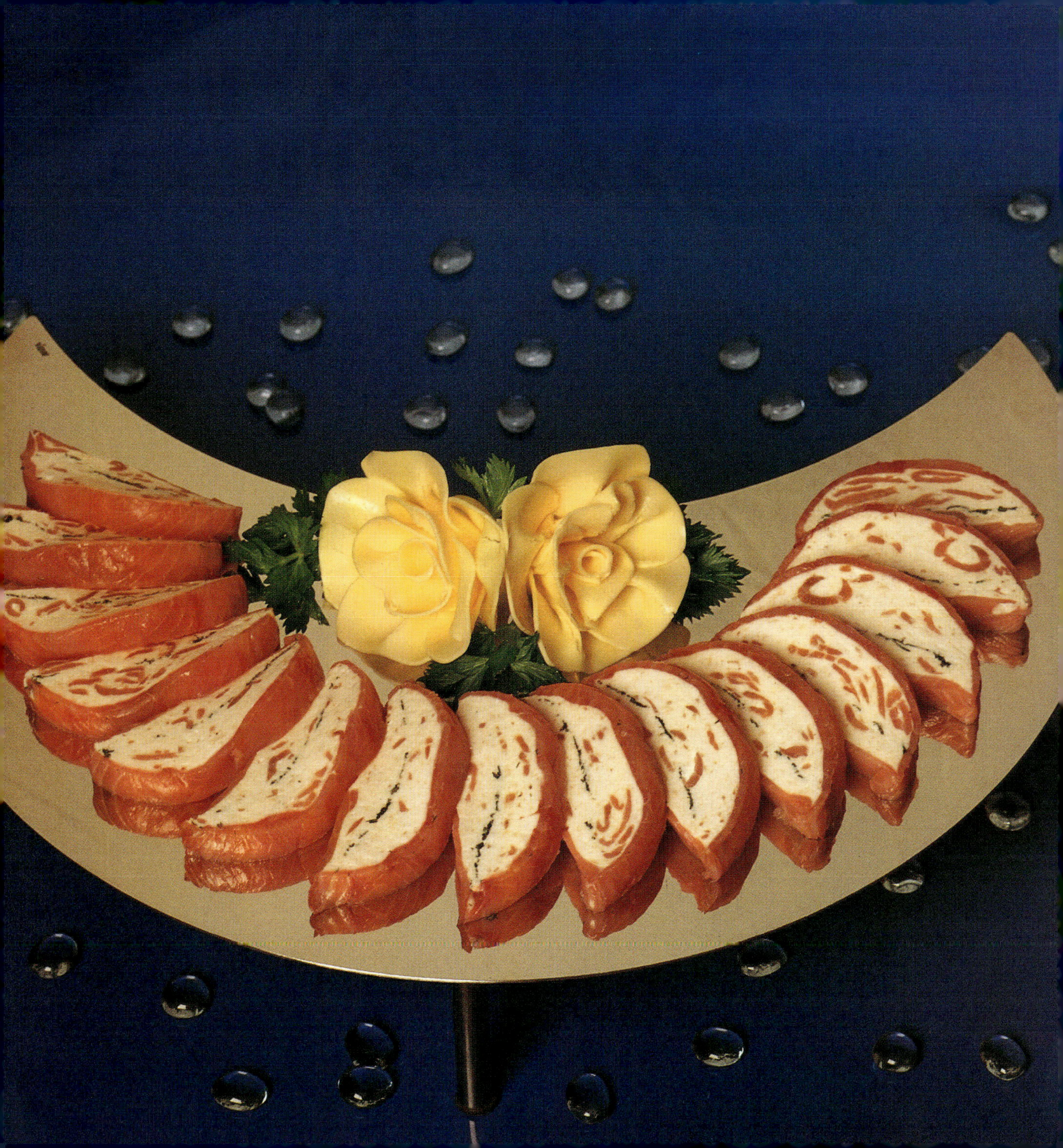

Zuerst wird die Mousse zubereitet: Die Gelatine wird aufgeweicht und in klarem Fischfond gelöst, ehe die Lachsabschnitte dazu kommen. Die steif geschlagene Sahne unterheben und die Farce mit Salz und Pfeffer, Zitrone und Worcestersauce abschmecken. Die Backform kalt ausspülen und mit Klarsichtfolie auskleiden. Mit dem vorgeschnittenen Lachs die Form belegen und die Mousse bis gut 1 cm unterhalb des Rands einfüllen. Dann wird eine dünne Kräuterschicht aufgestreut, bevor die Form vollständig mit Mousse aufgefüllt wird. Zum Schluß alles mit Lachsscheiben abdecken. Die Folie darüberschlagen und das Ganze über Nacht im Kühlhaus fest werden lassen.

Vorsicht ist beim Herauslösen geboten, damit keine Brüche entstehen. Dazu die Folie auseinanderziehen, ein Schneidbrett auflegen und darauf die Terrine beim Umdrehen aus der Form stürzen.

Die Terrine wird in gut 1,5 cm dikke Scheiben portioniert. Das geht am besten mit einem Elektromesser, weil damit ein behutsameres Schneiden möglich ist. Beim Portionieren mit einem normalen Messer besteht die Gefahr, daß die Scheiben zusammengedrückt werden.

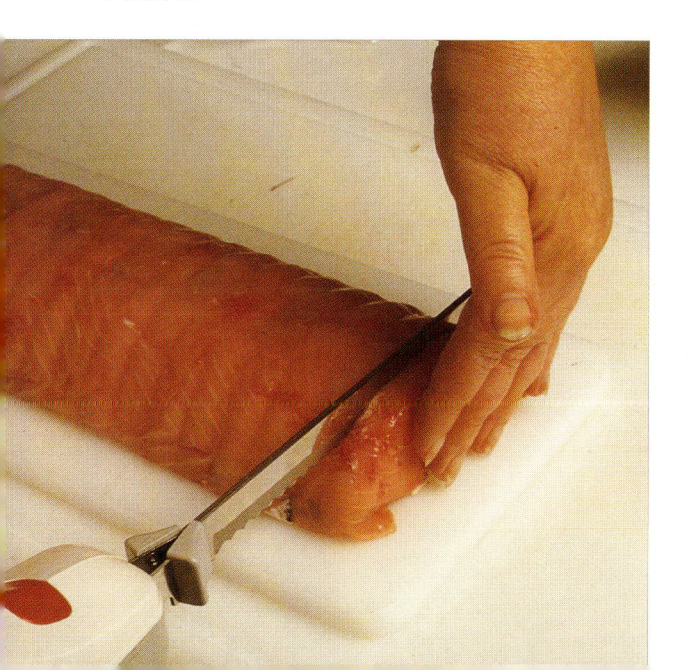

Bis auf die Endstücke wird die gesamte Terrine scheibenweise auf die halbmondförmige Platte gesetzt. Durch die Einlage aus Lachs und Kerbel haben die Stücke genug Farbe, so daß keine zusätzliche Garnitur nötig ist. Zwei Butterrosen und das Grün der Blattpetersilie machen die Optik perfekt.

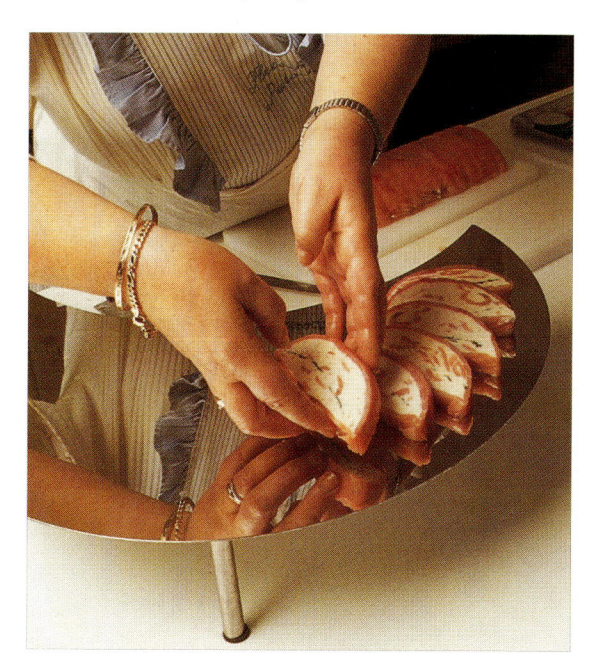

Tip Nach dem Auslegen der Form mit Räucherlachs sollten die Fischscheiben mit Aspik oder verflüssigter Gelatine bestrichen werden. Dann entsteht für die Verbindung mit der Farce eine bessere Haftung.

Rezepte

Beizen

Zutaten: Salz, Zucker, bunt geschroteter Pfeffer und frischer Dill.

Zubereitung: Zwei gehäufte EL Salz mit einem gehäuften EL Zucker und dem Pfeffer mischen. Damit wird die gehäutete Lachsseite von beiden Seiten bestrichen. Auf diese Schicht jeweils den fein geschnittenen Dill aufbringen und das Ganze straff in Alufolie einschlagen. Dann ist eine Ruhezeit von 24 Stunden im Kühlhaus erforderlich. Nach zwölf Stunden wird der Lachs gewendet, damit die Beize von beiden Seiten gleichmäßig durchziehen kann. Eine delikate Alternative zu dieser klassischen Beize: Anstelle von Dill darf die Kräuternote aus Basilikum bestehen. Exotisch verfeinert wird sie durch Zimt- und Ingwerpulver.

Eiercreme

Gekochtes Eigelb mit Mayonnaise und Senf zu einer spritzfähigen Konsistenz aufschlagen. Abgeschmeckt wird mit Salz, Pfeffer und Muskat.

Fischfond

Zutaten: Etwa 700 g Fischkarkassen (Kopf, Gräten, Haut), 1 kleine Stange Lauch, 1 kleine Staude Bleichsellerie oder 40 g Knollensellerie, 100 g Champignons, 1 kleine Zwiebel, 1 Knoblauchzehe, Olivenöl, zerstoßene Pfefferkörner, Thymianzweig, Lorbeerblatt, 150 ml Weißwein, 1 l Wasser.

Zubereitung: Die Karkassen gut wässern oder unter kaltem Wasser gründlich abspülen. Gemüse putzen, waschen und ebenso wie Zwiebel und Knoblauchzehe kleinschneiden. Das Olivenöl in einem Topf erhitzen und alles darin anschwitzen. Nun die Karkassen, die Gewürze und Kräuter dazugeben. Mit Weißwein und Wasser nach und nach angießen und aufkochen lassen. Den sich bildenden Schaum mit einem Schaumlöffel abnehmen, während das Ganze eine halbe Stunde leise köchelt. Den fertigen Sud durch ein Passiertuch streichen oder durch einen großen Kaffeefilter gießen. Abkühlen lassen und danach sofort kühlstellen. Fischfond, der nicht gleich verwendet wird, läßt sich gut – am besten portionsweise – einfrieren.

Frischkäsecreme

Frischkäse mit Meerrettich aufschlagen, eventuell süße Sahne unterziehen. Die Creme sollte eine feste Konsistenz haben, wenn damit beispielsweise Garnelenschwänze „befestigt" werden sollen.

Meeresfrüchte marinieren

Meeresfrüchten können Sie eine persönliche Note verleihen, indem Sie sie in Olivenöl einlegen. Fein gehackte Blattpetersilie und Knoblauch nach Belieben hinzufügen. Abgeschmeckt wird mit Balsamico oder Zitronensaft sowie schwarzem, frisch gemahlenem Pfeffer.

Sahnemeerrettich

200 ml Sahne mit Sahnesteif aufschlagen, den Saft einer halben Zitrone hinzufügen, 1/2 TL Zucker und 2 TL frisch geriebenen Meerrettich hinzufügen.

Senfsauce

Senf und Zitronensaft mit einer durchgedrückten kleinen Knoblauchzehe mischen. Eine kleine, feingewürfelte Schalotte dazugeben und mit frisch gemahlenem schwarzen Pfeffer abschmecken. Zum Schluß kaltgepreßtes Olivenöl unterrühren.

Tatar

Für die Resteverwertung von Lachs bietet sich ein Lachstatar an. Dazu die Abschnitte fein würfeln, mit weißem Pfeffer bestreuen. Darüber Zwiebelstücke durch die Knoblauchpresse drücken und alles mit kaltgepreßtem Olivenöl vermengen. Mit geölten Händen zu kleinen Bällchen formen und ein wenig flachdrücken. Mit Dill und halben Wachteleiern garnieren. Dazu kann eine Senfsauce gereicht werden.

Velouté

Zutaten: Fischfond, Butter, Zwiebeln, Mehl, Crème fraîche oder Sahne, Weißwein.

Zubereitung: Die Butter bei mäßiger Hitze aufschäumen lassen, Zwiebeln darin glasig dünsten, mit Mehl bestäuben und mit Fischfond ablöschen. Sahne oder Crème fraîche mit dem Schneebesen unterrühren und zum Schluß mit Ketchup verfeinern und mit Weißwein abschmecken. Bei schwacher Hitze köcheln lassen, dabei gelegentlich umrühren. Die fertige Sauce mit Salz und frisch gemahlenem Pfeffer würzen und dann durch ein Sieb oder ein Tuch passieren.

Lachs filetieren

Qualitätsmerkmale beim frischen Lachs sind klare Augen und leuchtend rote Kiemen. Maul und Flossen sind kräftig ausgebildet, und gerade bei einem Wildlachs hat der Körper eine langgestreckte Stromlinienform.

Als erstes werden Kopf und Schwanz vom Rumpf getrennt. Beim Kopf das Messer hinter den Kiemen ansetzen und gerade abschneiden. Das Schwanzende wird ebenfalls gerade abgeschnitten.

Dann muß die Mittelgräte entfernt werden. Dazu wird das Messer von der Kopfseite her nach hinten an der Mittelgräte entlang geführt und die Lachsseite beim Schneiden angehoben.

Nach dem Umdrehen liegt die Mittelgräte zuunterst auf dem Schneidebrett, und nach demselben Verfahren fährt das Messer an der Mittelgräte entlang vom Kopf zum Schwanzende hin und trennt die zweite Seite ab.

Von den beiden Lachsseiten werden nun die Flossen und die Bauchlappen entfernt…

…und mit einer Zange oder Pinzette die Stehgräten gezogen. Diese lassen sich durch sanftes Massieren ertasten.

Um die Außenhaut zu entfernen, das Messer am Schwanzende ansetzen und mit einem kleinen Schnitt die Haut lösen. Dabei die Messerschneide waagerecht fest aufsetzen und Stück für Stück durchziehen.

Aal filetieren

Direkt hinter dem Kopf das Messer ansetzen. Mit einem kräftigen Schnitt wird der Aal enthauptet, dabei den Fischkörper leicht drehen, das erleichtert das Schneiden. Der Schwanz braucht nicht entfernt werden.

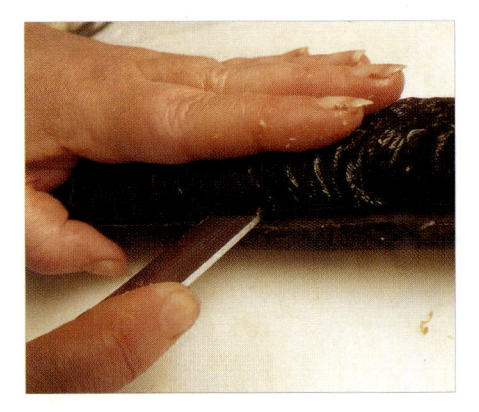

Den Körper auf eine Seite legen und das Messer über der Mittelgräte einbringen. Damit vorsichtig an der Mittelgräte vom Vorderteil zum Schwanzende hin entlangfahren, wobei die freie Hand exakt über dem Messer auf dem Aal liegt und diesen beim Schneiden herunterdrückt.

Wenn die eine Hälfte abgenommen ist, den Aal umdrehen, so daß die Mittelgräte auf dem Tranchierbrett liegt. Wieder das Messer über der Mittelgräte ansetzen, während die andere Hand entsprechend der Schneidebewegung mitgeht.

Mit den Fingerkuppen unter die Außenhaut greifen und diese behutsam durch ein sanftes Entlangstreifen lösen.

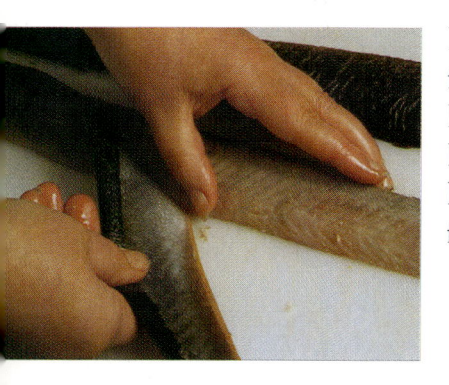

Dann die Haut an einem Ende festhalten und vorsichtig abziehen. Dabei ist es hilfreich, mit dem Daumen der anderen Hand beim Entlanggleiten eventuell noch festsitzende Teile zu lockern.

Anschließend werden die Filets „begradigt", um noch vorhandene Hautreste zu beseitigen und die Filets in eine gleichmäßige Form zu bringen.

Das Körperfett muß entfernt werden, was den Aalgenuß hinsichtlich der dabei abgeschabten Fettkalorien erheblich schlanker macht.
Jetzt kann der Aal in Stücke geschnitten werden. Für eine ansprechende Optik die Tranchen am besten schräg aufschneiden, bevor sie auf Canapés oder die Fischplatte gelegt werden.

Meerwolf ausnehmen und filetieren

Zuerst werden vom kompletten Fisch die Schuppen entfernt. Dazu mit dem Messerrücken den Körper abschaben und anschließend den Fisch unter fließendem kalten Wasser abspülen.

Die Rücken-, Seiten- und Bauchflossen werden mit einer Schere dicht am Körper abgeschnitten.

Dann wird der Fischkörper geöffnet. Dazu das Messer am Darmausgang ansetzen, einstechen und bis vorne zum Kopf durchziehen.

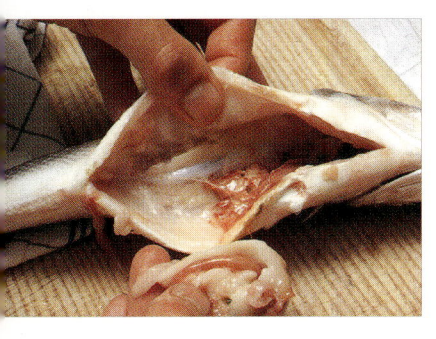

Die Eingeweide herausziehen. Dabei bis in den Kopf hineingreifen, um die Innereien vollständig herausnehmen zu können. Danach unter fließendem Wasser ausspülen.

Das Messer am Kopf mit der Schneide nach vorne schräg anlegen und einen Schnitt bis zur Mittelgräte ausführen.

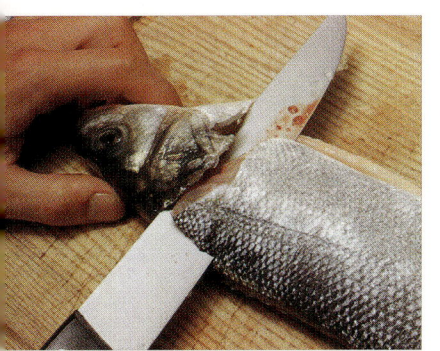

Die Schneide zum Schwanzende hin drehen, ohne das Messer herauszuziehen und das obere Filet ablösen, indem die Schneide flachliegend entlang der Mittelgräte geführt wird.

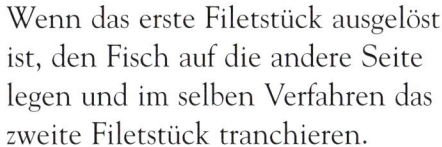

Wenn das erste Filetstück ausgelöst ist, den Fisch auf die andere Seite legen und im selben Verfahren das zweite Filetstück tranchieren.

Zum Schluß den Bauchlappen abschneiden und die restlichen Gräten entfernen.

Hummer tranchieren

Den gekochten Hummer mit der Bauchseite nach unten auf das Tranchierbrett legen und ihn mit der freien Hand fest auf die Arbeitsfläche drücken. Die Messerspitze genau zwischen Schwanzende und Rückenpanzer ansetzen und das Schwanzende mit einem kräftigen Schnitt spalten.

Dann den Hummer – am besten mit einer Serviette anfassen – umsetzen und den vorderen Panzer spalten.

Den so geteilten Hummer auseinander klappen…

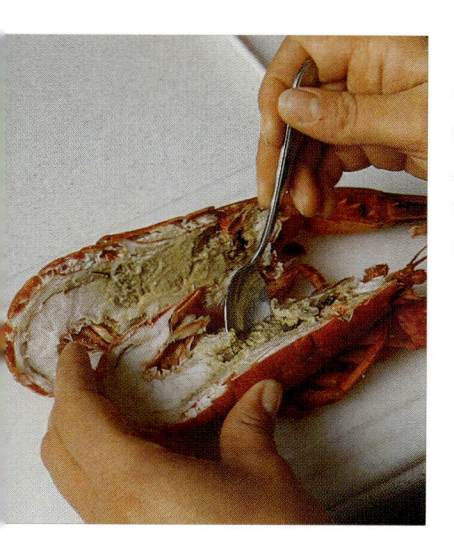

… und mit einem kleinen Löffel den gräulich-grün gefärbten Mageninhalt vorsichtig entfernen. Auch der oben liegende Darm muß herausgenommen werden, er ist ungenießbar.

Der rotgefärbte Corail wird ebenfalls mit einem Löffel ausgeschabt. Dieser Hummerrogen gilt unter Kennern als besonderer Leckerbissen.
Auch die Scheren und die Beine des Hummers enthalten zartes Fleisch. Dazu werden die Krusten der Glieder mit einer Hummerzange aufgebrochen und das Fleisch herausgezogen.

Das Ambiente

Für eine gelungene Präsentation von Fischplatten lohnt es sich, passende Dekomittel einzusetzen. Das beginnt bereits mit den Schildchen für die Bezeichnung der Speisen, die es bei manchen Anbietern von Preisauszeichnungsmitteln auch in Fischform gibt. Gerade bei Salaten und Warmgerichten geben die beschrifteten Schilder dem Gast bei seinem Gang zum Büffet hilfreiche Hinweise.

Schon allein durch die Auswahl von Platten und Schüsseln für die Präsentation der servierten Speisen wird der Ursprung der Rohstoffe deutlich gemacht. Die hier gezeigten Beispiele mit der Meerjungfrau und den großformatigen Muscheln stammen vom Raps-Direktversand und sind ideale Behältnisse für die Genüsse aus dem Meer. Aber auch in den Haushaltsabteilungen der Warenhäuser gibt es eine Fülle von Platten aus Glas und Porzellan in Fischform. Dort sind auch Serviettenhalter in der Gestalt von Krustentieren sowie Grillteller aus Pappe zu finden, auf denen ein leuchtend roter Hummer Appetit auf mehr aus dem Meer macht.

Möbel- und Einrichtungshäuser sind neben dem klassischen Bedarfshandel für Platten und Dekorationsmittel eine weitere ergiebige Fundgrube für schmückendes Beiwerk. Bunt bemalte Fische aus Holz oder Keramik, Muscheln aus Porzellan und Ton lassen sich nicht nur ins Badezimmer, sondern auch auf ein Büffet stellen. Ein grob geknüpftes Fischernetz vermittelt schon beim ersten Blick ein maritimes Ambiente. Ist ein solches schwer aufzutreiben, dient ein Vogelnetz aus dem Garten-Center als passender Ersatz. Dort sind auch Schilfrohrmatten zu haben, die als Meterware auf die passende Unterlagengröße zugeschnitten werden. Das nasse Element, aus dem die Meeresdelikatessen stammen, läßt sich mit hellen, blauen oder grünen Glasperlen darstellen, die neben Platten und Schüsseln aufgestreut werden.

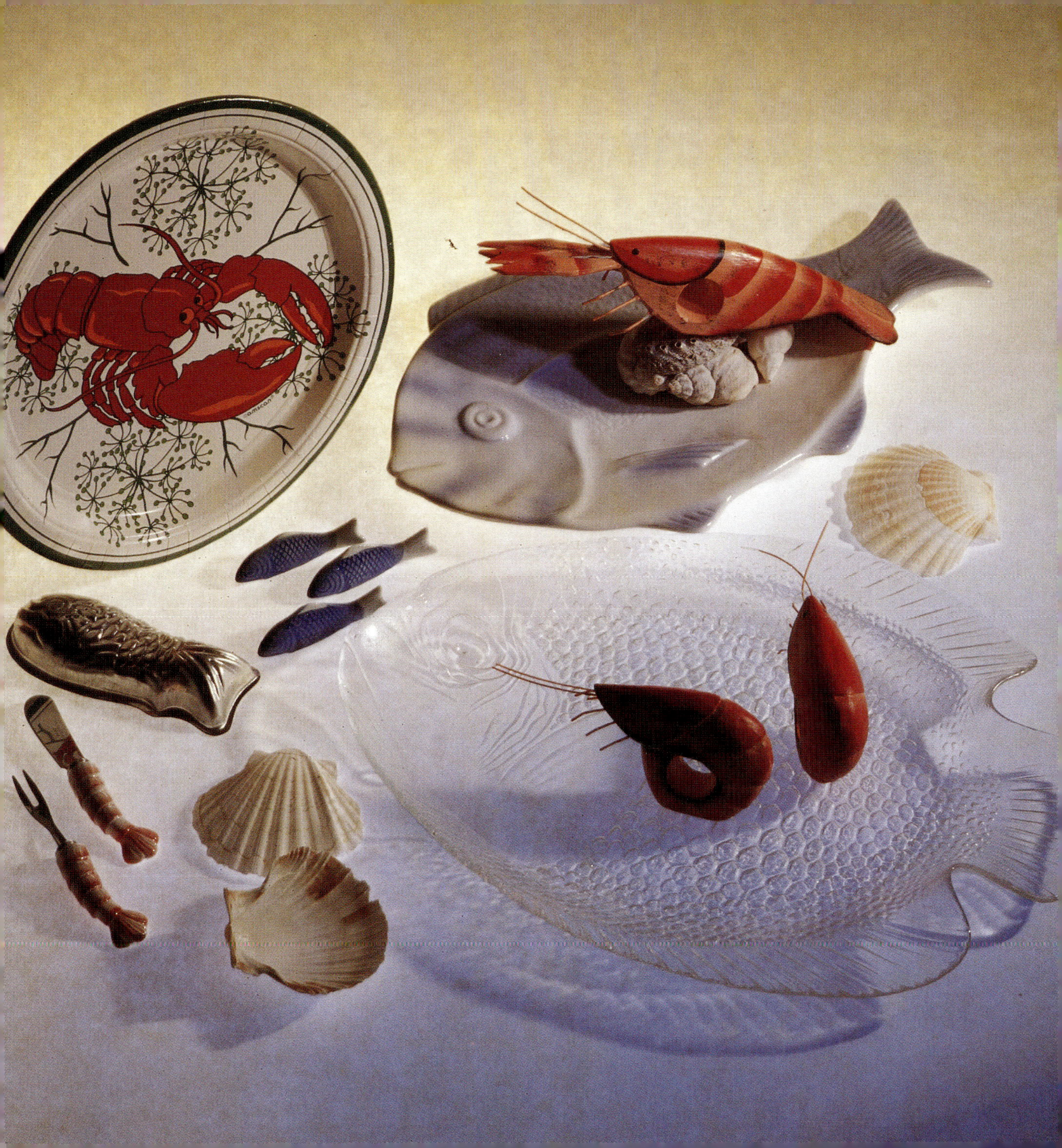

Das kleine Lexikon

Aal

Der Aal ist wie der Lachs ein Wanderfisch, aber sein abenteuerliches Leben ist nur teilweise erforscht. Seinen Ursprung hat er in der Saragossa-See. Von dort aus treiben die winzigen Aallarven millionenfach mit dem Golfstrom nach Europa, wo die weiblichen Jungaale die Flüsse hinaufschwimmen, bis sie einen Lebensraum gefunden haben, in dem sie zehn bis zwölf Jahre bleiben, ehe sie wieder in ihr Geburtsmeer zurückkehren, laichen und dort sterben. Wenn sie nicht schon zuvor gefangen wurden und – meist geräuchert – als Fischdelikatesse auf dem Teller landen.

Carpaccio

Unter der Bezeichnung Carpaccio wird normalerweise hauchfein aufgeschnittenes Rinderfilet serviert, das mit einer Kräutermarinade beträufelt ist. In Anlehnung an das Herrichten beim Fleisch wird auch Fisch als Carpaccio in ebenfalls dünnen Scheiben angeboten.

Garnelen

Garnelen sind kleine Zehnfüßler mit einem schlanken, nach hinten gebogenen Schwanz. Es gibt mehr als 2 000 Garnelenarten, und entsprechend groß ist der Wirrwarr an Begriffen. Bei der hierzulande verfügbaren Ware wird grundsätzlich zwischen Kaltwassergarnelen, Warmwassergarnelen und Riesengarnelen unterschieden. Zu den Kaltwassergarnelen (engl. „shrimps", franz. „crevettes") zählen Grönland-Garnelen, Chile-Camerons und Nordseekrabben (auch Granat). Die Westpazifik- oder Malayischen Garnelen sowie die Black-Tiger-Garnelen gehören in die Gruppe der Warmwassergarnelen. Die besonders großen Exemplare werden als Riesengarnelen (engl. „prawns") bezeichnet, von denen bei uns vor allem Kaisergranat, Scampi und Gambas bekannt sind.

Graved Lachs

Graved Lachs, Gravad Lachs oder Gravlax ist die skandinavische Bezeichnung für gebeizten Lachs – eine Spezialität im Norden Europas. Der Name bedeutet „vergrabener Lachs". Er kommt daher, daß der gebeizte Fisch früher in der Erde vergraben wurde. Die klassische Beize besteht aus einer Mischung von Salz und Zucker, verfeinert mit Pfeffer sowie einer Auflage aus feingeschnittenem Dill.

Heilbutt

Der Weiße Heilbutt ist ein langgestreckter Plattfisch, der über 100 kg schwer werden kann. Er ist in den nördlichen Meeren zuhause. Sein Fleisch ist hell und schmackhaft. Als Räucherware kommt der Schwarze Heilbutt in den Handel, der „nur" bis zu 3,5 kg schwer wird und dessen Fleisch – anders als der Name vermuten läßt – ebenfalls hell, aber fetter ist als beim Weißen Heilbutt.

Hummer

In manchen Gegenden wird der Hummer als „Kardinal des Meeres" bezeichnet, denn bevor durch das Garen im kochend heißen Wasser die leuchtend rote Farbe entsteht, ist er bräunlich bis dunkelviolett. Der Hummer ist ein zehnfüßiger Meereskrebs. Er wird 50 bis 60 cm lang und kann bis zu 5 kg auf die Waage bringen. Das Fleisch von Körper und Scheren wird von Feinschmeckern sehr geschätzt, ebenso der korallenrote Corail, der Hummerrogen.

Kaviar

Kaviar ist eine begehrte und auch kostspielige Delikatesse. Die „Perlen des Meeres" stammen von verschiedenen Störarten – von Beluga (der edelste und teuerste), von Osietra und von Sevruga. Neben dem echten Kaviar gibt es noch andere (preiswertere) Sorten, beispielsweise der Keta Kaviar. Das ist der gesalzene Rogen vom Lachs. Die relativ großen, orangerosa bis roten Kaviarperlen dürfen weder zerdrückt noch zu klebrig sein. Der sogenannte „Deutsche Kaviar" wird vorwiegend aus dem Rogen des Seehasen hergestellt. Er wird schwarz oder rot eingefärbt und eignet sich besonders gut für Dekorationszwecke. Bleibt noch der Forellen-Kaviar, der aus den Rogen von verschiedenen Forellenarten hergestellt wird. Die Perlen sind bernsteingelb bis orangerot.

Lachs

Der Lachs zählt zu den feinsten und schmackhaftesten Edelfischen. Er hat ein zartes, rosafarbenes Fleisch, das kaum von Gräten durchzogen ist. Der Lachs ist in allen nördlichen Meeren beheimatet. Zu Beginn der Laichzeit steigen die Lachse die Flüsse hinauf, um in stillen Quellgebieten zu laichen. Der zu Berg ziehende Lachs wird als Salm bezeichnet. Sein Fleisch schmeckt dann am besten, denn zu dieser Zeit nimmt er keine Nahrung auf. Neben den Wildlachsen werden Farmlachse angeboten. Die Aquakultur begann in den 70er Jahren. Seitdem wird der Zuchtlachs in großen Netzgehegen im Atlantik aufgezogen, die vor den Küsten in Norwegen, Irland, Schottland und Chile treiben.

Lachsforelle

Die Lachsforelle ist ein wohlschmeckender Lachsfisch, der wie der echte Lachs im Frühjah in Flüsse steigt, um zu laichen. Die Lachsforelle wiegt zwischen 1 und 4 kg. Das leicht rötliche, saftige Fleisch enthält weniger Fett als der Lachs.

Makrele

Die Makrele ist ein fetter Salzwasserfisch, der in nördlichen Gewässern gefangen wird. Das Fleisch ist grobfaserig, hat aber einen guten Geschmack und ist sehr eiweißreich. Als Räucherware werden oft Pfeffermakreler verwendet, weil die Filetstücke mit dem aufgestreuten Pfeffer nicht nur ausgezeichnet munden, sondern gleichzeitig auch sehr dekorativ aussehen.

Matjes

Der Matjeshering ist ein junger, noch nicht laichreifer Hering, der von Mitte Mai bis Anfang Juni gefangen wird. Sein zartes Fleisch wird entweder mild gesalzen oder in einer Ölmarinade eingelegt angeboten.

Meeresalgen

Die gängige Bezeichnung Meeresalgen ist eigentlich nicht korrekt. Es handelt sich vielmehr um Glasschmalz, auch Queller genannt. Diese blattlose Gemüsepflanze ist in den Küstengebieten Nordwesteuropas heimisch. Dort werden die dunkelgrünen, vielgliedrigen Stengel gesammelt. Zum Verzehr sind nur die jungen Pflanzen geeignet, die leicht salzig schmecken und hervorragend zu Fischgerichten passen.

Meerwolf

Der Meerwolf, auch Seewolf, Steinbeißer, Wolfsfisch oder Katfisch genannt, ist ein nordatlantischer Seefisch mit einem mächtigen Gebiß, mit dem er sogar Muscheln zermalmen kann. Sein helles Fleisch ist fest, fett und wohlschmeckend.

Lollo Bionda, Lollo Rossa

Zu den Pflücksalaten gehören der „Lollo Rossa" mit seinen dunkelroten Blättern und der „Lollo Bionda" mit seinen grünen oder gelbgrünen Blättern. Beide schmecken kräftig und leicht bitter. Die Salatblätter sind an den Rändern stark gekraust und bieten daher eine ideale Unterlage, wenn Fisch dekorativ auf einer Platte serviert werden soll.

Pesto

Pesto ist eine spezielle Sauce, die in Italien meist zu Pasta gereicht wird. Für die Zubereitung stehen Basilikum, Knoblauch, Pinienkerne, Käse (Parmesan oder Pecorino) und Olivenöl auf der Zutatenliste.

Pochieren

Bei manchen Fischzubereitungen gibt das Rezept das Pochieren mit Weißwein an. Es handelt sich um das Dünsten von kleinen oder portionierten Fischen, wobei der Fond kaum kochen soll, so daß der Fisch nur zum Garziehen in der Flüssigkeit bleibt.

Räucherlachs

Lachs gibt es als kaltgeräucherte und heißgeräucherte Ware. Beim Kalträuchern werden die Lachsseiten von einer Lage Salz oder von Salzlake bedeckt und können so einige Zeit vorreifen. Danch trocknen sie mehrere Stunden an der Luft, ehe sie einen Tag lang in den kalten Rauch (bei 28 °C) gelegt werden. Anschließend reift der präparierte Lachs noch rund 24 Stunden nach. Beim Heißräuchern werden Filetstreifen (Stremel), die zuvor in milder Salzlake eingelegt waren, im warmen Rauch (bei Temperaturen bis zu 90 °C) geräuchert.

Rotbarbe

Die Rotbarbe, auch Meerbarbe, lebt im felsigen Küstengewässer des Mittelmeeres und hat ein sehr schmackhaftes, mageres Fleisch. Weil die nur 125 g schwere Rotbarbe keine Galle hat und ihr winziger Darm fast leer ist, braucht sie vor dem Zubereiten nicht ausgenommen zu werden, schuppen genügt. Die größeren Rotbarben des Atlantiks werden filetiert.

Saibling

Der Saibling (auch Salmling, Rötling, Rotforelle) ist ein Lachsfisch der Alpenseen, er kommt aber auch in Skandinavien, Schottland, Nordrußland und Kanada vor. Normalerweise wird der Fisch 25 bis 30 cm lang und 500 g schwer, es gibt aber auch größere Exemplare. Sein rosafarbenes Fleisch wird meist wie das der Forelle zubereitet und schmeckt Kennern besser als Forelle.

Seezunge

Die Seezunge ist ein Plattfisch mit einem flachen, abgerundeten Körper. Seinen Namen verdankt der Edelfisch diesem Aussehen. Er gehört zu den schmackhaftesten Fischen, weil sein schneeweißes Fleisch besonders zart und schmackhaft ist. Der Meeresfisch kann bis zu 4 kg schwer werden, in den Handel kommen jedoch meist nur Fische mit einem Gewicht von 100 bis 600 g.

Schillerlocken

Schillerlocken sind die zarten, beim Räuchern eingerollten Bauchlappen vom Dornhai. Sie sind nach der Haarpracht des Dichterfürsten Schiller benannt.

Surimi

Surimi sind eine japanische Schöpfung. Aus zerkleinertem Fischfleisch werden zunächst verschiedene Eiweißbestandteile herausgewachsen und die daraus entstehende Paste unter Zusatz von Stabilisatoren in Blöcken tiefgefroren. Diesem Surimi werden Gewürze, Stärke und Geschmacksstoffe beigemischt. Mit speziellen Maschinen werden anschließend muskelfaserähnliche Strukturen hergestellt. Daraus werden die typischen Stangen dieser Krebsfleischimitate (Crabmeat) gepreßt.

Taschenkrebs

Taschenkrebse sind bei entsprechender Zubereitung eine Delikatesse, auch wenn ihr Fleischanteil recht gering ist. Die schmackhaftesten Stücke sind in den kräftigen Scheren zu finden. Der mächtige Panzer eignet sich ausgezeichnet zum Füllen und zum Überbacken oder kann als dekoratives Behältnis für einen Cocktail aus Meeresfrüchten dienen.

Thunfisch

Der Thunfisch ist der größte unter den Nutzfischen. Er kann bis zu 2,60 m lang und bis zu 300 kg schwer werden. Hauptfanggebiete sind das Mittelmeer und die Gewässer vor Japan. Meist ist er nur als Konservenware, in Öl eingelegt oder mit Gemüsebeilage bekannt. Dabei eignet sich das frische Fleisch hervorragend zum Braten und Grillen. Von der Geschmacksnote her ist Thunfisch dem Kalbfleisch ähnlich.

Velouté

Die Velouté ist eine helle Grundsauce, die mit Mehl gebunden wird. „Velouté" stammt aus dem Französischen und bedeutet übersetzt „samtweich". Genauso sollte bei richtiger Zubereitung die Konsistenz der Sauce sein.

Wok

Der Wok ist ein in Asien gebräuchliches Kochgerät, das ursprünglich aus China stammt. Der Name bedeutet übersetzt „Kochgefäß", und das ist in der modernen Form eine flache Halbkugel mit seitlichen Griffen, zu der immer ein Deckel gehört und natürlich eine Garvorrichtung im Unterbau mit Halterung.

Zander

Der Zander (auch Sander, Schill, Amaul, Fogasch, Süllo, Hechtbarsch) ist ein Räuber und zugleich einer der edelsten unter den Süßwasserfischen. Das wohlschmeckende Fleisch ist zart, saftig und hat wenig Gräten.

Die Portraits

Karlheinz Geibel

Der Küchenmeister Karlheinz Geibel, Jahrgang 1949, machte sich nach 20 Berufsjahren selbständig und übernahm mit seiner Frau ein Feinkostgeschäft in Maintal-Bischofsheim. Zu Beginn seiner Laufbahn kehrte er nach einer Ausbildung zum Koch im Frankfurter Hof und Großkücheneerfahrung bei der Bundeswehr als Geselle wieder in seinen Lehrbetrieb zurück, ehe er als Garde Manager in die Feinkostküche eines Lebensmittelfilialisten und von dort in die Großküche von Siemens Frankfurt wechselte. Nach seiner Meisterprüfung wurde er dort zunächst als Stellvertreter, später zum Leiter der Großküche berufen und war in dieser Funktion neben der Versorgung der Mitarbeiter auch für die Gästebewirtung zuständig. Diese Erfahrung nutzt er jetzt als Inhaber eines Feinkostgeschäfts vor den Toren Frankfurts und bietet seinen Kunden Delikatessen und Dienstleistungen dreigleisig an – über den Ladenverkauf, den Mittagstisch und den Partyservice, wobei in allen Bereichen der Servicegedanke großgeschrieben wird. Im Partyservice reicht die Palette von kalten Platten für den Stehempfang bis zum kompletten Büffet mit Bewirtung, und auf Wunsch bekocht der Firmenchef die Gästerunde einer Privatfeier exklusiv auch am Herd des Gastgebers.

Pia Hillen

Die Fleischermeisterin Pia Hillen, Jahrgang 1959, begann ihren beruflichen Werdegang mit einer Ausbildung zur Fleischerei-Fachverkäuferin, der sie ein paar Jahre später noch die Gesellenprüfung folgen ließ. Dazwischen qualifizierte sie sich im Bildungszentrum Neuwied als Handelsbetriebswirtin im Lebensmitteleinzelhandel. Praxis eignete sie sich bei ihren Tätigkeiten in einem Lebensmittelmarkt, in Metzgereien und bei Saisonstellen an, ehe sie 1980 als jüngste Meisterin der Region ihre Meisterprüfung ablegte. 1989 übernahm sie den elterlichen Betrieb in Neuwied, der damals das Hauptgeschäft und eine Filiale einschloß, und vor kurzem kam eine weitere Verkaufsstelle hinzu. Neben dem Ladenverkauf widmet sie sich engagiert dem Partyservice. Ihr Können stellte sie auch öffentlich unter Beweis, als sie sich 1992 bei einem Büffetwettbewerb ihrer Branche den zweiten Platz sicherte. Und drei Jahre später bilanzierte sie weitere Erfolge, als sie bei einem Plattenwettbewerb mit neun eingereichten Arbeiten acht Medaillen gewann. Beim Ausrichten von Festlichkeiten überzeugt Pia Hillen durch Kreativität, die sie nicht nur auf das professionelle Herrichten der Platten beschränkt. Soweit vom Gastgeber gewünscht, wertet sie mit einem phantasievollen Ambiente den Auftrag künstlerisch auf.

Holtmann's

Bereits bei den Eltern wandelte sich die in Köln alteingesessene Fleischerei Holtmann zu einem Feinkostgeschäft und Partyserviceanbieter, indem die Trendwende vom Handwerksbetrieb zum Dienstleister erkannt wurde. Diese Maxime verfolgen auch die Brüder Klaus und Michael Holtmann, auf die 1992 der Betrieb überging. Heute arbeitet das Unternehmen Feinkost Holtmann in drei Bereichen: Feinkostgeschäft mit Schwerpunkt im Frischesortiment, Mittagsbistro mit gehobenem Foodservice-Programm und Catering-Service für anspruchsvolle Veranstaltungs-, Messe- und Festausstattung. Es wird mittlerweile von Fleischermeister Klaus Holtmann allein geleitet, nachdem Michael Holtmann ein Restaurant in der Kölner Innenstadt eröffnete. Im Laden wie im Partyservice gilt das Bestreben, die beste Dienstleistung zu erbringen, die Inhaber und Mitarbeiter, zu denen bis vor kurzem auch Michael Pfannes gehörte, anzubieten haben. Das honorieren nicht nur die Kunden aus dem unmittelbaren Einzugsbereich des vornehmen Kölner Vororts Marienburg. Firmenkunden und private Auftraggeber schätzen die perfekte Bewirtung ebenso wie die Filmleute in der Medienstadt Köln, wenn sie das individuell zugeschnittene Dienstleistungsangebot in Anspruch nehmen.

Sabine und Margit Maulick

Im Partyservice sind Sabine und Margit Maulick ein perfektes Gespann. Margit Maulick-Nitsch, Jahrgang 1968, ließ sich bei der Feinkostfleischerei Herkommer in Freiburg zur Fleischerei-Fachverkäuferin ausbilden, holte sich weitere fachliche Anregungen bei einem Volontariat bei Holtmann's in Köln, ehe sie im elterlichen Betrieb ihre Arbeit aufnahm. Dieser geht sie derzeit nur noch im Teilzeitjob nach, um ihren Mann unterstützen zu können, der in der Schmuckbranche in Mannheim tätig ist. Aus der wiederum kommt die gelernte Kauffrau Sabine Maulick, Jahrgang 1963, die nach ihrer Heirat umsattelte. Mittlerweile ist sie seit neun Jahren in dem renommierten Illinger Fleischer-Fachgeschäft tätig, das sie im Januar 1996 zusammen mit ihrem Mann Rudi übernahm und das neben dem Stammhaus zwei Filialen sowie einen ansehnlichen Partyservice umfaßt. Die Kreativleistungen ließen sich die Fachfrauen bei verschiedenen Wettbewerben in Goldmedaillen dokumentieren und setzten so eine von der Mutter begonnene Tradition fort. Im Partyservice der Fleischerei Maulick, zu dessen besonderen Stärken passende und vor allem ausgefallene Dekorationen zählen, steht die Teamarbeit obenan, um den Vorstellungen anspruchsvoller Kunden gerecht zu werden.

Brigitte Purschke

Die gelernte Fotografin Brigitte Purschke, Jahrgang 1945, hat sich erst in den letzten Jahren als Partyservice-Expertin profilieren können. Denn als sie sich zusammen mit ihrem Mann 1974 mit einer Fleischerei in Gotha selbständig machte, gab es für sie in der damaligen DDR keine Möglichkeit, sich auf diesem Gebiet zu betätigen. Zwar schöpfte sie die bescheidenen Möglichkeiten für die kalte Küche aus, aber erst nach der Wende holte sie im Blitzverfahren das bis dahin zwangsläufig Versäumte auf, indem sie Seminare besuchte, Fachbücher buchstäblich verschlang und erfahrenen Kolleginnen über die Schulter schaute. Das auf diese Weise angeeignete handwerkliche Können und die dazugehörige Kreativleistung ließ sie sich bei verschiedenen Fachwettbewerben per Goldmedaillen bescheinigen. Die höchste Auszeichnung errang sie als Siegerin des 1995 ausgetragenen Büffetwettbewerbs zur Fleischwirtschaftlichen Fachmesse.

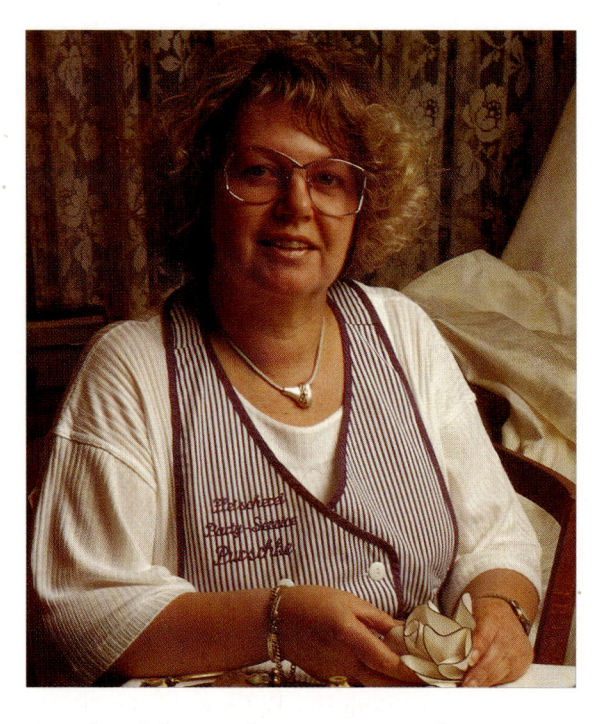

Seit drei Jahren gibt sie in unregelmäßigen Abständen ihr umfangreiches, in der heimischen Praxis erprobtes Wissen als Referentin bei Seminaren über Partyservice und Geschenkideen weiter, und auch bei der überbetrieblichen Ausbildung von angehenden Fachverkäuferinnen in Erfurt beweist sie fachliches und pädagogisches Talent.

Astrid Schmitt

Ihren Beruf hat die Fleischermeisterin Astrid Schmitt, Jahrgang 1970, aus Bad Kissingen von der Pike auf gelernt. Nach ihrem Abschluß als Fachverkäuferin hängte sie die Gesellenlehre an und legte danach noch die Meisterprüfung ab. Als weitere Qualifikation erwarb sie das Diplom zum Betriebswirt des Handwerks. Auch bei den Fachwettbewerben nahm sie die selbst gesetzten Hürden mit Bravour. Was beim Junioren-Cup 1987 begann, setzte sich 1988 mit dem Gesamtsieg beim Plattenwettbewerb im österreichischen Wels fort und gipfelte schließlich 1992 in der Höchstwertung beim Iffa-Büffetwettbewerb und 1995 mit dem Ehrenpreis anläßlich des Grand Prix der Fleischerplatten. Die Voraussetzungen dazu holte sie sich im elterlichen Betrieb. Die dem Stammgeschäft angegliederte Filiale ist ihr eigenständiges Aufgabengebiet, und im Partservice arbeitet sie hauptsächlich im Team mit der Familie. Die Aufträge erteilen in der Kurstadt überwiegend Privatkunden, wobei die Wunschliste von Häppchen – eine der Stärken im Partyservice Schmitt – bis hin zu Komplettbüfetts reicht. Ihre Erfahrungen verwertet sie als Referentin bei Seminaren, eine Nebentätigkeit, die von ihr als Hobby eingestuft wird. Sie hat Spaß daran, Ideen zu sammeln und weiterzugeben und dabei Anregungen von Kollegin zu Kollegin auszutauschen.

Register

Die **halbfett** gesetzten Seitenzahlen verweisen auf die ausführlichen Beschreibungen der Platten und Gerichte.

Aal 193
Aal filetieren 184
Aal-Canapés **12, 20**
Aal bei Fisch-Variationen **88**
Basilikum-Garnelen mit gedünstetem Wirsing **134**
Beizen von frischem Lachs 180
Butterrosen **68**
Canapés **12, 16, 20, 26, 30, 34, 38**
Carpaccio 193
Carpaccio mit lauwarmem Gemüse **116**
Carpaccio von Lachs und Heilbutt **96**
Dekorationsmittel 190
Eiercreme 180
Fischfond 180
Forellencocktail **42**
Frischkäsecreme 181
Frutti di Mare **46**
Garnelen 193
Garnelen auf dem Gurkensockel **16**
Garnelen im Wok **138**
Gemischte Fischplatten **64, 68, 72, 80, 88**
Grillen 160, 164, 168

Heilbutt 193
Hummer 194
Hummer tranchieren 188
Hummerplatte **62**
Kaviar 194
Krabbencocktail **50**
Krebse 130, 196
Lachs 193, 194, 195
Lachs filetieren 182
Lachs im Gemüsebeet **104**
Lachs im Lasagneblatt **120**
Lachs pochiert **92, 112**
Lachscarpaccio **116**
Lachsforelle 194
Lachsforelle als Feuerfisch **76**
Lachsmedaillons auf Gemüsejulienne **108**
Lachsspirale **34**
Lachssteaks **160**
Lollo, Rossa und Bionda 195
Makrele **80**, 194
Matjesfilets **26, 84**
Matjesplatte **84**
Matjesröllchen auf dem Apfelsockel **38**
Matjestopf „Maulick Art" **58**
Meeresalgen 195
Meerwolf 195

Meerwolf filetieren 186
Meerwolf mit einer Füllung aus Zitronenthymian **148**
Pesto **152**, 195
Pochieren 195
Rotbarbe 196
Rotbarbe mit Pestokruste **152**
Saibling 196
Salate **42, 46, 50, 54, 58**
Schillerlocken **26**, 196
Seezunge 196
Seezungenfilet unter der Blätterteigkruste **124**
Senfsauce 181
Surimi 196
Terrinen **25, 172, 176**
Thunfisch 197
Thunfischsteaks **156**
Velouté **124**, 181, 197
Wok 197
Zander 196
Zander mit Kartoffelschuppen **142**

Perfekt im Party-Service

Birgit Winterhalder-Spee
Fisch auf Platten serviert
1996, 196 Seiten, über 200 vierfarbige Abbildungen, gebunden
Bestell-Nr. 50457   DM 128,–
(ÖS 998,– SFR 128,–)

Fischprodukte sind im Fleischerfachgeschäft, vor allem aber im Partyservice, stark im Kommen. In diesem Buch werden Ihnen über 40 Fischplatten vorgestellt und die einzelnen Fertigungsschritte bei der Gestaltung und Garnierung ausführlich in Wort und Bild erläutert.

Theo Wershoven
Fleisch- und Aufschnittplatten – meisterhaft präsentiert
1992, 176 Seiten, 98 vierfarbige Abbildungen, gebunden
Bestell-Nr. 50391   DM 98,–
(ÖS 764,– SFR 98,–)

• Variationen von Schinken und erlesenem Aufschnitt, kalte Braten und Appetithappen
• Frischfleisch für Grill und Fondue

Käseplatten von rustikal bis exklusiv
Prämierte Arrangements für viele Gelegenheiten. Mit umfangreicher Warenkunde.

1989, 209 Seiten, 60 vierfarbige Abbildungen, gebunden
Bestell-Nr. 50307   DM 98,–
(ÖS 764,– SFR 98,–)

Alle drei Plattenbücher gibt es im günstigen Paket zum Preis von DM 248,–
(ÖS 1.934,– SFR 248,–) Bestell-Nr. 50342

Stefan F. Gross
Party Service mit System
Weniger Belastung - mehr Gewinn
3. Auflage 1995, 338 Seiten, broschiert
Bestell-Nr. 50491   DM 78,–   (ÖS 608,–)

Aus dem Inhalt: • Belastung und Profit • Wie Sie sich vom Mitbewerber absetzen können • Drei-Sterne-Party-Service • Traiteur-Qualitätskunde • Party Service als Markenzeichen • Professionelle Werbung • Angebots-Strategie • Die richtigen Produkte • Freundlichkeitsprogramme • Mitarbeiter-Erfolgsprogramme • u.v.m.

H. Fuchs / M. Fuchs
Richtig kalkulieren im Partyservice
1995, 127 Seiten, mit zahlreichen Checklisten
Bestell-Nr. 50455   DM 39,80
(ÖS 310,– SFR 41,–)

„Richtig kalkulieren im Partyservice" führt Schritt für Schritt vor, worauf es bei der Kalkulation von Material und Dienstleistungen ankommt. Dabei sind kalte Gerichte ebenso berücksichtigt wie Menüs und warme Gerichte. Zahlreiche tips, musterhafte Allgemeine Geschäftsbedingungen und genaue Anleitungen zur Auftragsabwicklung runden den Ratgeber ab.

Denis Ruffel
Die hohe Kunst des Traiteurs
durchgehend vierfarbige Fotoanleitungen, gebunden mit Schutzumschlag

Band 1: Salzgebäck, Mini-Sandwiches, Kanapees, Mignonnettes, Bouches, Schaustücke für Büffets, Kalte Spieße
Band 2: Kalte Vorspeisen, Tourten, Pasteten, Galantinen und Ballotinen, Sülzen, Pizzas, Quiches, Croustaden
Band 3: Croustaden, Quenelles, Soufflés, Beignets, warme Vorspeisen, Salate, Fisch im Aspik, Langusten, Geflügen á la Gelée

Alle drei Bände im Paket:
Bestell-Nr. 50305   DM 198,–   (ÖS 1.544,–)

dfv DEUTSCHER FACHVERLAG FACHBUCH
Da steckt viel Praxis drin!

Erhältlich in jeder Buchhandlung!
Deutscher Fachverlag · 60264 Frankfurt

Erfolgs-Wissen für die Fleischerei

Heinrich Happel
Werbung für das Fleischerfachgeschäft

1992, 267 Seiten, über 100 Abbildung., gebunden
Bestell-Nr. 50357 DM 98,– (ÖS 764,– SFR 98,–)

Aus dem Inhalt: ● Die 20 wichtigsten Werberegeln für das Fleischerfachgeschäft ● Wo können Sie werben? ● Wozu und bei welcher Gelegenheit wollen Sie werben? ● Wie Sie Ihre Werbung planen ● Was kostet die Werbung? ● Wie Sie selbst bessere Werbung zu geringen Kosten durchführen ● u.v.m.

Branscheid / Honikel / von Lengerken / Troeger (Hrsg.)
Qualität von Fleisch und Fleischwaren

1996, 608 Seiten, zahlr. Abbildung., gebunden
Bestell-Nr. 50513 ca. DM 198,–
(ÖS 1.544,– SFR 198,–)

Aus dem Inhalt: ● Marketing von Fleisch und Qualitätsmanagement ● Wirtschaftliche Bedeutung ● Klassifizierung und Vermarktung von Schlachtvieh und Fleisch ● Schlachtwerte von: Rind, Kalb, Schwein, Schaf, Ziege, Geflügel, Kaninchen und Gehegewild ● Fleischgewinnung und -behandlung ● Schlachtnebenprodukte ● Fleischhygiene ● Rückstände ● Ernährungsphysiologische Bedeutung ● u.v.m.

Möllerherm / Mathes / Krell
Geflügel
Handbuch für das Fleischerhandwerk

1996, 240 Seiten, durchgehend vierfarbig bebildert, gebunden
Bestell-Nr. 50531 DM 98,– (ÖS 764,– SFR 98,–)

Aus dem Inhalt: ● Erwartungen der Verbraucher ● Geflügelrassen ● Herkunfts- und Gütesiegel ● Schlachtverfahren ● Einkauf ● Hygienebestimmungen beim Metzger und LEH ● Warenpräsentation ● Geflügel im Party-Service und Imbißbereich ● Kundenberatung und Personalschulung ● Geflügelprodukte ● u.v.m.

Mit zahlreichen Beispielen aus der Praxis und Checklisten zu Vorbereitung, Durchführung und Kontrolle.

Koch / Fuchs / Gemmer
Die Fabrikation feiner Fleisch- und Wurstwaren

20., völlig neu bearb. Aufl. 1992, 614 S., geb.
Bestell-Nr. 50369 DM 168,–
(ÖS 1.310,– SFR 168,–)

Aus dem Inhalt: ● Fleisch- u.Wurstwaren ● Pökel-Räucher-Waren ● Rohwurst ● Brühwurst ● Kochwurst ● Zerealienwurst ● Aufschnitt-Rouladen u.-Pasteten ● Fleischwaren in Aspik ● Frischfleisch-Spezialitäten ● Hackfleisch-Spezialitäten ● Füllungen, Marinaden, Aufgüsse ● Fleisch- u. Wurstkonserven ● Geflügel- u. Wildspezialitäten ● Fleisch-Feinkost, Salate, Dips u. kalte Speisen ● Tafelfertige Fleischgerichte ● Fette u. Fettmixprodukte ● Fehlfabrikate ● Rechtliche Grundlagen ● u.v.m.

Dialogpartner Agrar-Kultur / Karl Schweisfurth (Hrsg.)
Ökologische Fleischqualität

1996, 620 Seiten, über 100 Abbildungen, A4-Ordner
Bestell-Nr. 50530 DM 218,– (ÖS 1.700,– SFR 218,–)

Aus dem Inhalt: ● Ökologische Qualität in der Metzgerei ● Schlachttiere und Zutaten aus Betrieben des ökologischen Landbaus ● Tiertransport und Schlachtung ● Fleisch und seine Verarbeitungseigenschaften ● Bakteriologie und Hygiene ● Handwerklich-ökologische Fleischverarbeitung ● Fleischerzeugnisse und Wurstwaren ● Gewürze und Zutaten ● Vermarktung ● Rechtsvorschriften ● u.v.m.

Modernes Fleischerhandwerk Band 1:
Heinrich Keim
Verkaufs- und Warenkunde

8., völlig überarb. und erweiterte Auflage 1995, 327 Seiten, über 100 vierfarb. Abbild., gebunden
Bestell-Nr. 50466 DM 48,–
(ÖS 374,– SFR 48,–)

Aus dem Inhalt: ● Das Fleischerfachgeschäft ● Verkäufer und Kunden ● Der Verkauf ● Warenwirtschaft ● Werbung ● Lebensmittel- und gewerberechtliche Vorschriften ● Fleisch als Ware: Fleischarten, Zerlegen, Nährwert, Platten etc. ● Fleischerzeugnisse ● Zusatzsortiment ● u.v.m.

---

dfv DEUTSCHER FACHVERLAG FACHBUCH *Da steckt viel Praxis drin!*

Erhältlich in jeder Buchhandlung!
Deutscher Fachverlag · 60264 Frankfurt